HISPANIA

La fuerza del pasado

Miguel Fernández

HISPANIA

La fuerza del pasado

Obra basada en la serie HISPANIA, LA LEYENDA.
También editada en DVD y Blu Ray

© 2011, Medialive Content, S. L.
Travessera de Gràcia, 73-79, 1° 1ª
08006 Barcelona
www.medialivecontent.com

1.ª edición: Junio de 2011
Depósito legal: B. 17266-2011
ISBN: 978-84-15239-38-3
Realización editorial: Àtona, S.L.
Impreso y encuadernado en España

«Guía los hados al que quiere; al que no quiere, lo arrastran.»

CICERÓN

«Todas las cosas que han de venir yacen en la incertidumbre.»

SÉNECA

gue. Se sabe frágil en manos de la lluvia y el viento. De vez en cuando palmea cariñoso el cuello de su caballo para infundirle el ánimo que a él le falta. Quizás invoque la protección del cielo. Sin embargo, no tiene nada que temer. En el tronco de un viejo fresno el puñal grabó su encuentro con Tirso, el hijo de aquel Sandro que fue un leal amigo de Viriato. Ninguno de los dos podemos rehuir la cita. Muy a su pesar, alcanzaremos juntos nuestros destinos. No habrá tiempo para descubrir el engaño. En muchas ocasiones he visto de cerca la mirada de la muerte, bastantes más que un hombre cualquiera. En todas, torció el gesto y huyó. Hasta esta noche.

* * *

Abrió los ojos con dificultad. No tardó en reconocer el hedor a pus. Intentó encoger la pierna.

–Ya sé que duele, pero si te mueves no podré limpiar la herida.

El rostro de la muchacha acusaba su cansancio. Acercó de nuevo el paño húmedo a la herida. El viejo se quejó.

–Aguanta, tengo que limpiar bien el corte. Esta noche, al menos, has descansado...

–¿Falta mucho para que amanezca?

–Un buen rato. Cúbrete, voy a salir por agua. Hay que bajar la calentura.

No la vio moverse. El olor a tierra mojada le confirmó que ella estaba fuera. Intentó incorporarse, quería orinar.

–¿Adónde vas?

La voz de Vevila sonó lejana. Imaginó su rostro cubierto por la melena castaña. El aire que llegaba desde el exterior enfrió la estancia. Un espasmo le hizo perder el equilibrio al intentar apoyar el pie en el suelo. Su cuerpo se cimbreó.

–¿No podías esperar a que volviera? –le reprochó Vevila.

–Ayúdame –pidió Tirso–, necesito salir.

Buscó apoyo en la pared. La muchacha dio unos pasos atrás. Volvieron a escuchar el graznido de la lechuza.

–Llegará con las primeras luces –anunció entre tiritones.

–¿Quién? No esperamos a nadie... –se extrañó Vevila.

–Un caballo alcanzará el paso a medianoche. Viene del norte. Si no hubiera tanto barro en el camino, ya estaría aquí.

–¿Cómo lo sabes?

–Oigo el chapoteo de los cascos sobre el fango, el animal está muy cansado, ha hecho un largo viaje.

–Vamos dentro, la fiebre te ha trastornado.

Tirso volvió a apoyarse en ella y levantó el pie izquierdo. Cuando el aire frío rozó la herida, el dolor aumentó. Seguía teniendo sed.

–Espera, quiero remover la hierba seca. –El polvo se le pegó a los labios. Alargó la mano buscando el apoyo de su nieta. Además del mareo, las náuseas terminaron por desorientarle.

–Cuidado, cuidado –repitió ella interrumpiendo la tarea–. Caeremos los dos. ¡Estás temblando! –Lo sujetó con fuerza mientras él fue abandonándose sobre el jergón. Sudaba.

Durante un buen rato luchó contra la enredadera que, desde los pies, fue ciñéndosele al cuerpo hasta impedirle cualquier movimiento. De no ser por la cataplasma que Vevila le había puesto sobre la frente, habría creído que el suyo era uno más de tantos cadáveres como había visto a lo largo de los años. El frescor llegó después a la herida.

Sin abrir los ojos, susurró su nombre.

–Vevila...

–Dime, abuelo.

–Vete.

–¿Irme? –preguntó desconcertada–. ¿Adónde?

–Sal del valle. Prepara un hatillo con tus cosas y vete en cuanto escampe.

La muchacha sonrió.

–Estás delirando. Descansa.

–No... Escúchame, debes irte lejos, hasta donde tus pies sean capaces de llevarte. Eres ya una mujer fuerte. Podrás valerte por ti misma. No debes estar aquí para entonces.

–Intenta conciliar el sueño –ordenó Vevila–. Los dos estamos muy cansados. Tienes calentura desde hace cinco días. Apenas si has comido.

Mientras hablaba colocó nuevos emplastos sobre la herida y la frente. Luego se acurrucó a su derecha y le tomó la mano.

–Vevila... No quiero dormirme.

–Debes descansar.

Tardó unos instantes en responder.

–Si cierro los ojos, tal vez no vuelva a verte.

–¡Tonterías! Debiste hacerme caso... Te advertí de que

resbalarías, pero seguiste removiendo la leña hasta que aquel tronco se vino abajo. Ahora, no te quejes. Tú te lo has buscado: el tobillo roto y la pierna ennegrecida. En cuanto pase la tormenta, buscaremos a Sigilo para que saje toda la podredumbre. No, no vas a morir, en peores situaciones te has visto.

Tirso chasqueó la lengua, volvía a tener sed, pero prefirió no obligar a Vevila a levantarse de nuevo. Permanecieron callados un buen rato hasta que el viejo tosió. Lo hizo solo para comprobar que ella se mantenía despierta.

–¿Qué te ocurre? –preguntó alarmada.

–Nada...

–¿Sigues sin poder dormir? ¿No te apetece contarme alguna de tus historias?

–De todo hace ya demasiado tiempo. Recordar el pasado no sirve de nada. Prefiero intentar conciliar el sueño.

Quiso dar la espalda a su nieta pero el dolor se lo impidió. Tomó aire para evitar quejarse. Sabía que si acompasaba la respiración conseguiría relajarse. De nuevo oyeron el graznido de la lechuza. Todavía seguiría lloviendo varios días más. Para entonces poco podría hacer ya Sigilo. Vevila volvió a apretarle la mano.

2

Caura
Hacia el año 150 a. C.

Muchos años atrás, cuando era un niño, su prima Altea también le cogió la mano una noche de invierno. Había llegado poco antes del atardecer con Viriato, su padre, con un burro cargado de pieles de cabra y un pequeño rebaño.

Bárbara, la hermana de Viriato, había intentado por todos los medios que los primos durmieran juntos, pero Altea no consintió en separarse de su padre. Los mayores hablaban en voz baja frente al fuego. Viriato sostenía en brazos a la niña, a quien finalmente venció el sueño. Desde el jergón, Tirso no apartaba la mirada de la escena. Poco a poco, se le fueron cerrando los ojos. Se sobresaltó al escuchar pasos. Su tío se acercaba. Durante unos instantes tuvo sobre su cara el brazo caído de Altea, luego notó el cuerpo de la chica cerca del suyo. El hombre no tuvo tiempo de alejarse.

–Padre...

–Duerme, Altea –pidió con energía Viriato–. Estás cansada, hemos hecho un viaje muy largo.

–¡No te vayas! –suplicó Altea–. No me dejes sola.

–Estoy aquí... –La voz del pastor sonó ahora más cerca: se había acostado junto a su hija.

A Tirso no dejaba de sorprenderle la condescendencia con la que su tío trataba a la niña. Sandro, su padre, jamás se habría comportado así con él. Se enfurecía cada vez que lo despertaba una pesadilla, si tardaba en levantarse o si se le caían de las manos el martillo o las tenazas en la fragua. Todos sus deseos tenían que ser atendidos en el acto para evitar el azotazo o el capón. Nadie, ni siquiera Bárbara, su esposa, escapaba a esa sequedad en el trato que había acabado por caracterizar las relaciones entre todos los miembros de la familia. Solo cuando llegaban Viriato y Altea, Sandro parecía moderarse, ya fuera por hospitalidad hacia los visitantes o por la amistad que le unía desde niño con su cuñado.

–Padre, tengo miedo.

–Altea –volvió a decir Viriato–, estoy muy cansado. Mañana debo ir temprano a ver a Teodoro. Necesitamos vender las pieles.

La niña insistió:

–Quiero que me cuentes la historia.

–Te la he contado muchas veces.

–Una vez más.

–Despertaremos a Tirso.

El chico estuvo a punto de replicar que aún no dormía cuando la mano de Altea buscó la suya.

–Duerme... –dijo Altea.

Y Tirso advirtió la complicidad de su prima.

3

El tejuelo

Hacia el año 115 a. C.

Una nueva punzada de dolor le obligó a abrir los ojos. No llegó a incorporarse: los brazos de Vevila lo impidieron. Volvía a sentir náuseas.

–Dormías, me tenías cogida la mano –informó la nieta, mientras le pasaba el paño húmedo por el rostro.

–Soñaba... ¿Sigue lloviendo?

–Sí.

Tirso notó una cierta preocupación en la respuesta. O tal vez solo era cansancio. Vevila dejó la tela a un lado y volvió a tomarle la mano.

–Cuéntame tu sueño.

–En realidad era un recuerdo. Una tontería...

–¿No decías que no merecía la pena volver al pasado?

–Es inútil, pero no podemos romper los espejismos que a veces cruzan por nuestra mente. –Se llevó la mano que le quedaba libre a la frente y se enjugó el sudor. Oyó su propio estertor.

Vevila acercó su cara a Tirso.

–Abuelo, necesito conocer ese pasado que también es el mío. Nunca has querido hablarme ni de mis padres ni de ti. Podría decirte sin problemas de qué hembra y qué macho nacieron la mayoría de nuestros animales. He visto, incluso, crecer árboles y hasta he tomado su fruto. En cambio, de Vevila solo sé que es la nieta de Tirso el Viejo, que llegué hasta aquí en tus brazos y... nada más.

–Es suficiente –replicó él de mala gana.

–¿Suficiente? ¿Para quién? ¿Para ti? Hace un rato me pediste que me fuera; que te dejara aquí, enfermo, y me marchara... ¿Crees que podría hacerlo sin más? ¿Sin una mínima noción de mis orígenes? Eres un viejo testarudo, antipático a veces, seco, huraño... Me has enseñado a obedecer, a no discutir ninguna de tus rarezas, a acatar el orden que impones en todo, pero no puedo aceptar que borres una parte de mi vida por puro capricho. El pasado también me pertenece. Tengo derecho a que nadie me lo robe. ¿No dices que te estás muriendo? Pues no lo hagas sin contarme antes quién soy.

Vevila se echó sobre el jergón. Evitó el contacto físico con su abuelo, pero Tirso sabía que estaba cerca. Alargó la mano sin encontrar la de la muchacha. Siguió dando manotazos al aire hasta que le rozó la cara. Notó la humedad. Estaba llorando. Hacía mucho tiempo que no la había visto llorar.

–Todo lo que te voy a contar sucedió hace mucho tiempo... –hablaba con desgana–. Roma llegó hasta nuestras tierras prometiendo la paz, pero mentía. Miles de hispanos murieron a manos del ejército romano en una masacre de la que sobrevivieron algunos hombres. Entre ellos Viriato, mi tío, un pastor que terminaría convirtiéndose en nuestro rey. Esta es su historia, esta es la historia de los que luchamos a su lado, esta es la historia de nuestro pueblo...

4

Caura

Hacia el año 150 a. C.

Mes del fresno

–Hubo un tiempo en que todo fue agua. No solo los ríos y las fuentes, también los campos que en el infinito se juntan con el cielo. Todo lo que alcance tu vista mañana, cuando despiertes, fue un lago inmenso, hija mía. A sus profundidades llegamos rodando los humanos, como cantos y peñascos, desde el cielo. A merced de las mareas vivimos larvados durante días oscuros como noches y madrugadas de penumbra. Envueltos en aquella placenta, no hubo distingos entre dioses y mortales. Cada cual encontró provecho en las riquezas que arrastran las corrientes. Así fue y así habría sido si todo hubiera permanecido fiel al orden que establecieron las reglas del firmamento. Pero cierta tarde, por razones que nos está vedado averiguar, una lengua de viento lanzó a la Luna contra la tierra...

Viriato imitó con un soplido el sonido del aire. Altea y Tirso contuvieron la respiración.

–Un gigantesco temblor –prosiguió el pastor– agitó el apacible vaso donde cada criatura aguardaba su hora. Cientos de torrenteras surcaron la faz de los piélagos. Aquí y allá surgieron las montañas, los valles, las hondonadas. Donde antes hubo transparencia, todo fue túrbido. Nunca más reinó la armonía del principio. A partir de ahí, cada ser debió encomendarse a su suerte: unos siguieron la estela lunar, se hicieron inconsistentes, y nos observan desde arriba. Otros, adquirimos presencia y necesitamos buscar en las entrañas del mundo el sustento que antes proporcionaron las aguas.

Al levantar la vista antes de hacer de nuevo una pausa, Viriato observó que Sandro y Bárbara también se habían acomodado cerca y le escuchaban. Desafiando a la penumbra, cruzó una mirada con su hermana. Ella había escuchado muchas veces la historia.

–Las mareas les hicieron valorar el tiempo. Ajenos a cualquier necesidad, los seres del estanque no habían necesitado diferenciar la disposición de cada hecho: cada uno ocurría a su capricho, sin prioridad ni aplazamiento posibles. Cuando conocieron el estiaje, y las aguas bajaron, la rueda del destino empezó a girar: marcó un ahora, un antes y el después. La naturaleza necesitó reunir más energía para transitar de lo uno a lo otro y reclamó nutrición. Ahí empezó el banquete. Unos se convirtieron en el alimento de otros.

Bárbara interrumpió a su hermano. Con el tono de una salmodia empezó:

–El padre del padre del padre del padre del padre del padre... –Fue saltando en la escala del tono a medida que avanzaba en el tiempo.

–... del padre de mi padre –continuó Viriato– detuvo su rodadura cerca de aquí, en el paso de las tórtolas, las grullas y las golondrinas hacia el norte, a treinta noches de camino hasta el mar oscuro por donde el sol se pone, a muchas más del otro sobre el que despierta el sol. El padre del padre de mi padre enseñó a su hijo dónde crece la hierba más fresca para el ganado, a resguardarse del sol en los largos días del verano y a no maldecir la lluvia o la nieve cuando el frío acecha. Del padre del padre del padre de mi padre concibió hijos la madre de la madre de la madre de mi madre. Como del agua ellos también vinieron, de sus ubres brotó savia para que se hicieran grandes y recogieran el fruto en los árboles y el grano que multiplica la tierra. Yo lo aprendí así para que tú también puedas contarlo...

–A tus hijos –volvió a replicar Bárbara–, y ellos a los suyos, y aquellos a los otros y así luna a luna hasta que las aguas vuelvan a correr libres por la tierra.

Todos se quedaron callados. Solo el ronquido de Sandro interrumpía el silencio.

5

El tejuelo

Hacia el año 115 a. C.

Con las primeras luces, escampó. Al escuchar de nuevo el canto de la lechuza, Vevila acercó la mano a la frente del viejo, que seguía sudando. La caricia no lo despertó. Dormía con la boca entreabierta. Un hilo de saliva le bajaba por el mentón. Miró al hombre y, por primera vez, comprendió que no debía enfadarse al escuchar el apodo con el que todos lo conocían en el valle. En verdad Tirso ya era «el Viejo». No había querido asumirlo, aunque estuviera medio sordo o le costara ver más allá del seto. Sabía que sus fuerzas flaqueaban, aprendió a convivir con las rarezas y el mal genio, pero no podía reprimir contrariarse cuando oía ese sobrenombre en boca de la gente. Tiró de él con delicadeza para incorporarlo. No lo consiguió. El anciano abrió los ojos, hizo una mueca y volvió a cerrarlos rápidamente. Desprovisto de cualquier voluntad, el cuerpo se transformó en un saco al que resultaba difícil asir. Temiendo que el peso muerto acabara por dar con los dos en el suelo, Vevila devolvió al enfermo a su lecho y salió. Se lavó la cara, tomó el cubo y ordeñó una cabra. Regresó a la casa, buscó un cuenco y vertió en él parte de la leche. Levantó la cabeza de Tirso y le acercó el vaso a los labios.

–Tienes que beber, tomar algo de alimento, has sudado mucho –le dijo.

–Todavía no –respondió el viejo entre dientes–, necesito dormir.

–Abuelo, bébete la leche. Ya es de día. Quiero que salgamos al abrevadero. Necesitamos que alguien nos ayude, estás muy enfermo...

–He oído cantar esta noche a la lechuza. Déjame que encuentre la muerte con serenidad, no merece la pena que salgamos al camino a pedir socorro. Mis días están contados...

–¡Otra vez con esa tontería! –La muchacha estaba indignada–. Por mucho que insistas no voy a dejarte morir como un perro...

–No podrás llevar la contraria a quien organiza el mundo... En esta época no nos visitan las lechuzas. Esta noche la he escuchado cantar varias veces. Y todos sabemos qué ocurre cuando canta la lechuza, que la muerte anda cerca. Viene a por mí.

Vevila dio un respingo y se puso en pie. Tiró con fuerza del brazo derecho de Tirso, que, aunque valiéndose de la estabilidad que le proporcionaba la única extremidad sana, consiguió mantenerse en pie. Tardaron un buen rato en alcanzar el cobertizo donde se encontraba el burro. Él se apoyó en el animal mientras la nieta buscó un pequeño banco que utilizó a guisa de escalera para que el abuelo consiguiera montar.

Varias veces estuvieron a punto de caerse en la corta distancia que les separaba del abrevadero. La cabeza de Tirso iba y venía al compás del trote del asno. A su espalda, la muchacha se movía en sentido contrario para que ambos pudieran mantenerse arriba. Un estruendo se extendió por todo el valle. Pocos pasos después, comenzó a llover de nuevo.

Bajar del burro tampoco fue fácil. El peso muerto de Tirso le hizo resbalar y cayó de rodillas en el barro. Casi arrastrándolo consiguió guarecer al viejo en una choza levantada al abrigo de las ramas de un tejo. Estaba empapado. Del zurrón sacó un paño y un trozo de pan seco que, previsora, había guardado. Tomó un pellizco de la parte más tierna y lo llevó a la boca del enfermo.

–Come, llevas varios días sin probar bocado –le ordenó mientras le secaba la cara y el pelo, canoso y ralo.

Sin abrir los ojos, el hombre movió la cabeza lentamente para decir que no tenía hambre, pero Vevila no retiró el pan. Al cabo de unos instantes, el viejo mordió el mendrugo. Masticó lentamente, desganado.

–No tendríamos que haber venido –se lamentó con un hilo de voz–, estoy muy mareado. Tengo frío.

Volvió a tronar, esta vez con más fuerza. Se abrazaron.

–Nunca habías estado enfermo, ¿eh? –dijo ella con intención de distraerlo–. Por eso te quejas tanto...

–Sí, siempre me ayudó la buena salud –dijo al tiempo que se señalaba con el dedo el brazo derecho–, aunque no me faltan cicatrices: cortes que me hizo el enemigo, alguna pedrada y esta quemadura –y extendió la mano derecha como si fuera a recibir una limosna.

Vevila acercó sus dedos a la zona que había señalado Tirso. Desde que era niña le había llamado la atención el color pardo y el tacto rugoso, áspero, acartonado, que presentaba la palma de la mano de su abuelo.

–Me quemé cuando era un niño –se adelantó a explicar él–. Coincidió con la visita de mi prima y mi tío poco antes de que ocurriera todo. Aquel día había estado jugando con Altea mientras Viriato trataba con Teodoro la venta de unas pieles. Nos gustaba escondernos en una pequeña cueva que encontramos a la salida de Caura. Era nuestra fortaleza secreta, nadie sabía que existía. Nos pasábamos el día sin salir de allí. Por mucho que nos buscaran sabíamos que de aquel lugar solo saldríamos cuando nosotros quisiéramos. Pero aquella mañana mi padre se presentó de pronto. Apenas si tuvimos tiempo de reaccionar. Para cuando quise darme cuenta, ya tiraba de mi oreja y, en volandas, me llevaba a la fragua, donde debía estar trabajando junto a él desde el amanecer. Sandro, mi padre, no era amigo de dar muchas explicaciones ni de andarse con rodeos. Mi sitio estaba a su lado, dominando el hierro, arrimando leña y agua o retirando la escoria. De un empujón me lanzó dentro del taller y reanudó su faena. Dio unos cuantos golpes con el mazo, devolvió el metal al fuego y se marchó sin dirigirme la palabra. No tenía muy claro por dónde empezar, así que cogí el hierro que más me gustaba de cuantos había allí, la espada que mi padre estaba forjando. La hoja estaba al rojo vivo cuando acerqué mi mano a la empuñadura y... por primera vez supe lo que era el dolor. A mis gritos y lamentos acudieron mi madre y las vecinas. Una me sujetaba la mano, otra traía aceite, aquella un caldero de agua fría... Hasta que apareció Viriato. Pidió un tarro de miel. Cuando la trajeron, me tomó en brazos y salimos de paseo para aliviar mi congoja. El dolor se pasó pronto pero he conservado esa cicatriz toda la vida...

El viejo interrumpió el relato al advertir que la muchacha se había movido. Entre la cortina de agua distinguieron la silueta de dos hombres a caballo. A medida que se acercaban, resultó más difícil reconocerlos. Ninguno de los dos podría ser Sigilo, cuya edad, cercana a la del abuelo, le impediría mantenerse tan erguido como ambos jinetes. Por un instante dudó si pedirles que se detuvieran o dejarlos continuar su camino. Giró la cabeza para buscar la aprobación de su abuelo y lo vio otra vez adormilado. No se lo pensó. En mitad del aguacero, Vevila empezó a agitar los brazos hasta que los tuvo delante.

Eran Kalbo y Orison, los dos hijos gemelos de Sehijar. Había jugado con ellos de niña, cuando Sehijar y Tirso fundaron Eburia. En aquel tiempo, los colonos se dedicaban a ir todo el día de un lado para otro: había que buscar madera y ramaje para levantar las cabañas, abrir pozos, roturar tierras y transformarlas en pastos, extender la cerca que los defendiera de los bandoleros. Demasiado trabajo como para estar pendiente de los niños. Alguien tuvo la idea de acotar una zona con tablones y encerrar a todos los menores de cinco años. La madre de Sehijar, anciana ya, se encargó de mantenerlos entretenidos mientras sus padres trabajaban de sol a sol. Pero Kalbo y Orison pronto averiguaron que había mil maneras de engañar a la abuela y junto a Vevila se dedicaron a conocer la tierra que a partir de entonces habría de acogerlos. Las escapadas duraron poco porque, cansado de la rebeldía de los gemelos, Sehijar acabó por buscarles un cometido en el aserradero. Cuando años después Sehijar murió a manos de un grupo de romanos que pretendían darle un escarmiento por haberse retrasado en el pago de tributos, Kalbo y Orison, ya dos adolescentes, tuvieron que hacerse cargo del negocio.

Los hermanos descendieron de sus caballos y se acercaron a la choza. Casi no había sitio para los cuatro. Vevila les mostró la herida de su abuelo y les contó cómo se la había hecho.

–Poco podemos hacer por ti, Tirso –se adelantó Orison–, con otro tiempo quizás te hubiéramos preparado alguna cataplasma –al gemelo no se le escapó la mirada de preocupación de Vevila–. En todo caso, os llevaremos a Eburia. Allí será más fácil ayudarte.

Como Vevila se temía, el viejo rechazó de plano la propuesta de los gemelos. Rojo de ira, gritó que nadie lo movería de allí si no era para llevarlo a su casa. No atendía a razones. Ni siquiera cuando Vevila, impotente ante la tozudez de Tirso, rompió a llorar.

–¡No debí consentir que me arrastraras hasta aquí! –vociferó–. ¡Llevadme inmediatamente a mi casa!

Pero, lejos de obedecer, bastó una mirada entre los hermanos para que uno lo tomara por los brazos y otro por los pies y, tal como se voltea un saco, en un abrir y cerrar de ojos colocaron a Tirso sobre el caballo de Kalbo. Este, al ir a montar delante del viejo, se fijó en sus manos, amoratadas, sucias por el barro. Había rastro del légamo rojo también en las piernas y las ropas. «Deben de llevar cabalgando mucho tiempo», pensó. El enfermo se mantuvo en silencio buena parte del camino, sin ni siquiera molestarse en responder a los comentarios de Vevila.

–¿Venís de muy lejos? –preguntó al fin Tirso, sin alterar el gesto contrariado. La voz de Orison sonó a su espalda:

–Esta vez no. Buscamos trabajo. Tenemos que vivir de algo mientras conseguimos reparar los estragos que causaron los romanos en el aserradero. Querían castigarnos porque nos retrasamos en el pago de los tributos. Nos dejaron sin nada que llevarnos a la boca, se llevaron las herramientas, destrozaron el molino... El esfuerzo de mi padre quedó arruinado en un rato por una simple demora.

–Hicimos un trato con ellos... –apostilló Tirso, sin ver el gesto de desaprobación de Vevila ante esas palabras–. En vida de vuestro padre jamás hubo problemas.

–¡Y nosotros lo hemos cumplido! –repuso Kalbo, sin disimular el malhumor–. Pero la avaricia de esa gente no conoce límites, quieren más y más... En Eburia, unos vivimos de otros: nosotros ponemos la leña, otros hacen el pan, aquel teje, otro siembra. En realidad, las ganancias van de unas manos a otras. Nadie acumula más que nadie. Con todo repartido, no se puede hacer frente a las exigencias del cuestor de la noche a la mañana. Necesitamos tiempo, pero la crueldad de los romanos es insoportable: podríamos mostrarte las señales de la paliza que nos propinaron. Habrá que detenerles como sea.

–No hables a la ligera, muchacho –insistió Tirso–. Para

evitarnos problemas sellamos un acuerdo en su día. Es sencillo: nosotros pagamos, ellos respetan nuestras tierras y cuando otros nos atacan, entonces ellos acuden en nuestra defensa. Si el pacto se rompe, nos acecharán más enemigos, seremos más vulnerables. Tenedlo en cuenta antes de cometer cualquier imprudencia. Por no trabajar un poco más, quizás seáis vosotros mismos los que estéis arruinando la obra de vuestro padre.

–¡Abuelo...! –le reprendió Vevila desde el burro.

–¡Calla! –El viejo hizo un gesto con la mano a la nieta–. ¡No sabes de lo que estamos hablando!

–¿Cómo puedes hablar así? –insistió Orison–. Precisamente tú, que has pasado media vida enfrentándote a ellos... ¿Ahora predicas la sumisión? ¿Quieres que nos humillemos más? ¿No te parece suficiente saber que lo hemos perdido todo?

–Decidme. ¿Cómo pensáis arreglar las cosas? ¿A golpes? ¿Creéis que somos fuertes para amedrentar no solo a los romanos sino también a todos los que en cualquier momento podrían atacarnos?

–¿Estás hablando en serio, Tirso? –preguntó, desafiante, Kalbo, cuyo caballo se había quedado rezagado–. ¿Cómo habrías reaccionado tú si, además de allanar tu casa, te hubieran molido a palos o si te hubieran amenazado con deportar a tu mujer a Roma como esclava? Es lo que hacen allá por donde pasan... No solo aquí, en Eburia, también en Barias y en Tárdalo. Las tropas romanas van de un lado para otro saqueando todo lo que encuentran a su paso.

–¿Cómo lo sabéis? –indagó el enfermo.

–Venimos de muy lejos –admitió Kalbo–. Hemos...

Orison lo interrumpió:

–Nadie está dispuesto a soportar esta situación por más tiempo. Ha llegado el momento de decir basta.

–Y por lo que veo pretendéis erigiros en los cabecillas de la revuelta. ¡Insensatos! –Al girar la cabeza para buscar el rostro de Kalbo, a punto estuvo Tirso de hacer perder el equilibrio a los dos y tirarlos al suelo–. Estáis locos. Os conozco desde antes de que nacierais. Yo mismo anuncié a vuestra madre que traería al mundo a dos criaturas. Lo que nadie esperaba es que fueran idénticas. Ahora comprendo por qué estáis envueltos en semejante locura.

–¡Abuelo! –sollozó Vevila.

El viejo quiso volverse para reprenderla.

–Ya te he dicho una vez que no intervengas en nuestra conversación y no pienso repetírtelo.

–Tirso –Kalbo utilizó un tono más sosegado para convencer al viejo–, los romanos quieren convertirnos en sus esclavos. ¿No te das cuenta? Lo hicieron antes y volverán a las andadas si no somos capaces de pararles los pies.

Tirso explotó:

–¡Basta! ¡Prefiero no saber nada! Estoy viejo para escuchar tantas estupideces...

Estaban entrando en Eburia. A pesar de la llovizna, una docena de chiquillos les recibieron.

–¡Han vuelto Kalbo y Orison! –gritaban.

Los tres decidieron dar por zanjada la discusión. Cabalgaron en silencio hasta la casa de Sigilo. Los recibió Edereta, la hija mayor, que condujo al enfermo hasta un jergón. Ni este ni los gemelos cruzaron una palabra de despedida. Solo Orison volvió la cabeza para dedicar una sonrisa a Vevila, que se sentó junto a Tirso.

–Todavía no sé qué hago aquí –mascullló al cabo de un rato él–. La pierna se curará en unos días. Qué necesidad tengo de escuchar al mendrugo de Sigilo, si todo lo que él pueda hacer por ayudarme se lo enseñé yo. Era un mozalbete cuando vinimos aquí. Y no de los más espabilados, por cierto. Estáis todos locos...

Vevila no quería polemizar, pero no pudo permanecer en silencio.

–Yo soy una testaruda, Sigilo un ignorante, Kalbo y Orison dos temerarios... El único que parece estar en su sano juicio eres tú, aunque te haya dado por vaticinar tu muerte y oigas venir a alguien que nunca llega. Me duele hablarte así, abuelo, pero... ¿nunca vas a ser un poco más condescendiente? Mucho antes de que te llamaran Tirso el Viejo, ya te escuchaba rezongar por todo. Ni quisiste que viviéramos cerca de la gente ni admitiste otros amigos que no fueran Sehijar y los cuatro o cinco con los que viniste a Eburia. Siempre solo, siempre gruñendo, siempre en posesión de la razón...

Tirso fingió un golpe de tos para obligarla a callar.

–Estoy muy fatigado, quiero dormir. Despiértame cuando llegue Sigilo –le ordenó con sequedad mientras pasaba sus dedos por la palma de la mano que se quemó siendo niño.

6

Caura

Hacia el año 150 a. C.

Mes del fresno

Cada poco, Viriato acercaba la mano de Tirso a sus labios y soplaba. El aire provocaba en el niño un pequeño escalofrío. Pasearon hasta alcanzar un ribazo, a las afueras de Caura. Sin desprenderse del tarro de miel que portaba en una mano ni del crío al que había llevado cogido con el otro brazo, el pastor se sentó en una roca. Había seriedad en su rostro. No tenía fama de buen conversador. Más bien al contrario: las temporadas que pasaba con el ganado a solas en el monte le iban volviendo más taciturno con los años. Clavó la vista en unos matorrales que había cerca y se levantó.

–Espera ahí, no te muevas –ordenó al niño. Arrancó varias matas y volvió en dos zancadas–. Es lavanda, coge un puñado y cierra la mano con fuerza. Sentirás alivio.

Pasado un rato, quiso despegar los dedos pero la mano de Viriato se lo impidió.

–Aguanta, si no aprendes a dominar el dolor, estás perdido...

El niño cerró los ojos. La miel y las hierbas habían formado una masa pegajosa. Cada vez que intentaba extender la palma de la mano notaba la ampolla que se había formado bajo la piel.

–Resiste... –insistió Viriato–. Es una quemadura sin importancia. Habrá otras cosas que te causarán más dolor.

–Tío, ¿qué parte del cuerpo es la que más duele?

–El ánimo –respondió Viriato sin pensarlo–. ¿No has visto que a veces abrimos en canal a un pájaro o a una gallina para averiguar cómo va a ir la cosecha o si hay algún enemigo cerca? En las entrañas de todos los seres están las marcas del dolor, que es la principal fuente de conocimiento. Solo enseña el sufrimiento.

El niño observó el rostro preocupado de su tío.

–Y a ti hoy te duelen las entrañas...

Viriato no pudo evitar una sonrisa.

–¡Vaya! ¿Tanto se me nota?

–Sí... ¿Quién te ha hecho daño?

–¿Me guardarás el secreto?

El niño asintió.

–Teodoro. Me ha sorprendido hablando con Helena, su hija. Y me ha echado a patadas de allí. Ni siquiera se ha dignado mirar las pieles que le traía. Me ha despachado, rojo de ira.

–¿Por qué no quiere que hables con Helena?

–Porque es rico y tiene otros planes para ella. No quiere que pierda el tiempo con un simple pastor como yo. Bueno... Hay que marcharse –dijo Viriato poniéndose en pie.

De regreso, no abrió la mano. Al llegar a Caura, una multitud permanecía congregada en la cabaña del consejo. Rodeado por la muchedumbre, el Consejo de Nobles escuchaba las explicaciones de un hombre. Tenía el pelo y el rostro polvorientos, la ropa sucia. El desconocido empleaba en su exposición un tono compungido, como si estuviera a punto de echarse a llorar. Sin soltar al niño, Viriato consiguió ir abriéndose paso entre la gente.

–Se llama Paulo –dijo uno de los congregados sin que le preguntaran–, los romanos se han llevado a la mujer con quien estaba a punto de casarse.

Cuando lograron situarse en la primera fila, Darío, de rostro afilado y aspecto elegante, uno de los miembros más jóvenes del consejo, interpelaba al desconocido:

–Paulo, entendemos tu desazón, pero ¿estás seguro de que eran hombres a las órdenes del pretor Galba los que hicieron prisionera a tu esposa?

El forastero se irritó.

–¿Quién puede dudarlo? ¿Hay alguien entre nosotros que no sea capaz de reconocer desde lejos a un romano? Pero no era uno, ni dos, ni tres... En nuestra aldea se presentaron decenas de ellos. Ya os lo he explicado: nos sorprendieron cuando estábamos en la ceremonia. Sin mediar palabra ni provocación, la emprendieron a golpes con todo el mundo, acuchillando incluso a niños y viejos. Yo conseguí huir, pero el resto de los que estaban allí no tuvieron tanta suerte. Cuando pude regresar al poblado, lo habían arrasado todo y mi mujer había sido capturada. Tenéis que ayudarnos.

Sin dar muestras de compasión tras lo que había escuchado, Darío se levantó y dio varios pasos hacia el forastero. Antes de volver a hablar, saludó con un gesto a Césaro, el adalid, para pedir su venia de nuevo.

–¿Cómo sabemos que todo lo que nos has contado es cierto? –Un murmullo corrió entre los asistentes. Darío, seguro de la expectación que había suscitado la pregunta, calculó la duración de su silencio–. Hay muchas historias rodando por ahí –continuó–. Es cierto que a veces los romanos nos atacan, pero sabemos también que antes y después de que ellos llegaran sufrimos las arremetidas de otras gentes de aquí. Pensemos: desde que aparecieron los soldados de Roma ¿nuestros malhechores han cambiado de oficio? ¿Son ahora agricultores, pastores, como todos nosotros? No creo. Lo más probable es que sigan robando, a ellos, a nosotros, a todo el mundo. Y para evitar que alguien les oponga resistencia o simplemente para camuflarse se harán pasar por romanos...

El alboroto volvió a crecer. Algunos miembros del consejo discutían entre sí. De aquí y de allá, surgieron voces que ratificaban o desmentían lo relatado por Paulo. Tirso tenía la vista puesta en la reacción de Viriato, que contemplaba impasible la algarabía. De vez en cuando, el pastor buscaba con la mirada a Teodoro, que hablaba en un aparte con Césaro. El adalid se limitaba a asentir con la cabeza a los comentarios que le hacía el tratante de pieles.

Las discusiones no parecían acabarse nunca hasta que Césaro alzó la voz reclamando silencio.

–Como habrás podido comprobar, Paulo, tu petición no suscita la unanimidad que requiere una decisión de tanta trascendencia. Quizás tú mismo, por tus propios medios, consigas la libertad de tu esposa. Habrás oído decir muchas veces que es preferible la maña a la fuerza. Aunque te extrañe, esa es la mejor sugerencia que podemos hacerte. Si ante los romanos se presenta un hombre solo, en son de paz, dispuesto, incluso, a pagar algún tipo de rescate será más fácil que el pretor Galba se muestre comprensivo que si reunimos una turba y nos enfrentamos a ellos. Además de nuestras vidas estaríamos poniendo en peligro la de tu mujer, piénsalo. Lo que hoy has contado aquí, no obstante, nos ha conmovido. Y como comprendemos tu dolor y el de tu pueblo, voy a encargar a Teodoro que interceda por tu esposa. Todos sabemos que nuestro conciudadano es un hombre persuasivo. Este consejo le ha encargado que negocie una paz duradera con Galba e interceda para que libere a tu esposa. Hasta que Teodoro regrese, considérate nuestro invitado.

Los consejeros se pusieron en pie. La gente comenzó a dispersarse.

–¡Cobardes! ¿Dónde está el valor que ha hecho famosa a la gente de Caura? –Paulo estaba fuera de sí–. Decidme: ¿tenéis miedo a los romanos? ¿Es eso?

Al comprobar la indiferencia con la que los concurrentes contemplaban su dolor, el forastero terminó por marcharse. Tío y sobrino echaron a andar hacia la majada. Estaban aún cerca de la plaza cuando Darío salió a su encuentro. La conversación, a la que el muchacho no prestó atención, les hizo detenerse varias veces. Poco después apareció Altea con otros niños. A Tirso, sin embargo, no le apetecía jugar. Tampoco quería ir al escondite con su prima. Sabía que la quemadura no le eximía de las obligaciones en la fragua que le había impuesto Sandro. Prefirió ignorar las llamadas de Altea, aprovecharía que su padre se había retirado antes de que concluyera la reunión del consejo para llegar pronto al trabajo. Al entrar, tuvo la sensación de que una rata o un perro se había cruzado ante él. En la penumbra de la herrería, aturdido por el dolor y desorientado, no acertó a identificar en un primer momento las sombras que pretendían esquivarlo. Hizo un quite a derecha e izquierda, pero una de las sombras le imitó y chocaron. La fuerza del empujón derribó a Tirso y cerca de él cayó una espada. Antes de que pudiera reaccionar, la silueta se agachó, recogió el arma y huyó con la otra sombra pisándole los talones. El niño se levantó y salió tras ellos. La luz del mediodía volvió a deslumbrarle, pero a lo lejos reconoció, veloces como centellas, las figuras de Paulo y Sandro.

7
EBURIA
Hacia el año 115 a. C.

Entre sueños creyó que el rumor que llegaba a sus oídos era el de la lluvia, pero en realidad se trataba del siseo procedente de la conversación entre Vevila y dos hombres. No abrió los ojos, se esforzó por escuchar la charla intentando identificarlos. La voz del más joven le era completamente desconocida. Tampoco hablaba mucho. Se limitaba a apostillar de vez en cuando algo de lo dicho por el mayor. En realidad, la que más hablaba era su nieta. Les estaba contando cómo se produjo el accidente, que llevaba lloviendo varios días, que Tirso se había empeñado en ir por leña, que ella se lo quiso quitar de la cabeza, que el viejo, tozudo, insistió y que, para cuando oyó el lamento, el daño era irreparable. Después el calvario de la herida infectada, la calentura, los dolores. Ella lo había sacado a rastras del bosque y... No dejó que terminara la frase. Ya sabía quiénes eran.

–Vevila... –la llamó con un hilo de voz.

Al levantar los párpados, los encontró alrededor del jergón, como si lo estuvieran velando.

–Han venido a visitarte Kares y su sobrino Tileis.

–Cuánto tiempo, Tirso.

Kares mantenía la cabeza alta, como si el enfermo estuviera de pie en vez de tumbado sobre el suelo. Tirso comprendió que se había quedado ciego.

–Mucho, Kares –respondió sin poder eludir el recuerdo de la tarde en la que junto a Sehijar llegaron por primera vez a aquel valle estrecho y húmedo, casi una herida en la rudeza de la sierra.

–Temí que alguno de los dos muriera antes de volvernos a encontrar... Fue una buena época.

Tirso no respondió a eso. Prefirió cumplir con lo que se espera de un convaleciente y solo emitió un pequeño quejido. La treta surtió efecto.

–¿Te vuelve a doler? –se interesó enseguida Vevila. Voy a extenderte el ungüento que ha traído Tileis.

–¿Crees que podrás venir al consejo? –preguntó Kares.

«Ladino, ese es el verdadero motivo de tu visita», pensó Tirso, que volvió a no darse por aludido. Un líquido muy espeso, frío como la nieve, empezó a caer sobre la zona magullada de la pierna.

–Puede que te escueza –advirtió Tileis–, las hierbas son muy frescas. Las recogimos esta misma mañana. Notarás alivio enseguida.

–Pero a la caída de la tarde habría que abrir y limpiar la herida –apostilló el tío–, hay mucho pus. Hiede. Ahora vuélvete a dormir, si quieres. Queda un buen rato para la asamblea.

Los dos hombres salieron. Vevila terminó de extender el

preparado y se retiró también. Por el ventanuco que había sobre su cabeza se colaba el ajetreo de la calle, pisadas sobre los guijarros, algún saludo entre nombres desconocidos, el paso de las bestias, el cacareo de las gallinas. Era probable que hubiera dejado de llover. Las hebras de luz que dejaba pasar la persiana de esparto eran claras y el olor era mucho más seco. Una punzada de dolor rompió la corteza de falso hielo que cubría la herida. Se le escapó un pequeño grito. Después comprendió que estaba solo y no tenía que disimular, así que volvió a quejarse. Escuchó unos pasos sigilosos acercándose. Era Kares.

–Ni siquiera ahora, que estás muriéndote, vas a tener una debilidad contigo mismo...

–¿A qué has venido, Kares?

–A hacerte esa misma pregunta, Tirso. Conociéndote, no puedo creerme sin más la historia que cuenta la gente, que esta mañana Orison y Kalbo te han encontrado moribundo en el abrevadero. He venido a comprobar que es verdad que te estás muriendo.

–No adelantes acontecimientos, Kares –replicó Tirso, molesto por las continuas alusiones a la muerte–. Estoy enfermo. Nada más.

–Hace muchos veranos, una calentura me robó la vista para siempre, pero aunque mis ojos estén secos distingo perfectamente los tamaños, guardo las proporciones y hasta calculo las distancias. Dicen que estoy ciego, pero conozco el rostro de los míos. La semana pasada mi sobrino abrió un borrego en canal. Observé sin ver y deduje. Anoche, a pesar de la lluvia, la lechuza revoloteó por mi casa...

–¿Adónde quieres llegar? –Tirso se incorporó para intentar alcanzar la cántara con agua.

–Los dos sabemos perfectamente qué suerte nos aguarda. El momento de la verdad está a punto de llegar. Que tú y yo vayamos a morir es lo de menos. Hay que llamar a tu nieta, no debe retrasar más la punción de la herida.

Salió con el mismo sigilo con el que había llegado. Cuando cruzó el umbral, Tirso observó que caminaba encorvado. Vevila tardó en regresar. La esperó sentado en el jergón y evitando que su mente volviera sobre lo que le había dicho Kares. Siempre había sido un hombre taciturno. Disciplinado y sensato, pero también ambicioso. Su carácter se hizo más difícil aún tras el incendio en el que murieron abrasados su mujer y sus tres hijos. Llevaba sin verlo doce inviernos, desde que Sigilo y él se enzarzaron en una agria disputa. El consejo dio la razón a Kares, en contra de la opinión de Tirso.

Con Vevila regresaron Stena, la esposa de Sigilo, y sus hijas, Edereta, Ana y Similce. Las cinco mujeres entraron entre risas y hablando todas a la vez. Fueron hacia el camastro y, mientras unas sacudían la hierba, otras llevaron al enfermo hasta un sillón. Una vez allí, las extrañas se retiraron y Vevila comenzó a asearlo mojando un trapo en una palangana. La humedad fue recorriendo el cuello, las axilas, el vientre del anciano. Al llegar a la pierna herida, Vevila reclamó la ayuda de las anfitrionas. Una de ellas puso al fuego la hoja de un cuchillo. Cuando Vevila calculó que el metal se había enfriado, hizo un pequeño corte en la zona amoratada y brotó un hilo de sangre y pus. El viejo cerró los ojos y apretó los dientes, quería evitar gritar delante de las mujeres. La mano de su nieta presionaba con una mano la cara interior de la pierna, desde el tobillo a la rodilla, mientras con la otra mantenía pegado el trapo a la incisión. Después tomó el vaso que habían traído Kares y Tileis y, uniendo cuatro dedos de la mano derecha, despegó un poco de grasa y la extendió primero sobre el lugar del sangrado y después por toda la pierna. Al notar el escozor, Tirso volvió a removerse en la silla. Con unas varas de cerezo le inmovilizaron la pierna hasta el muslo. La cura terminó envolviéndolo todo con una venda de esparto. Sin pararse un instante, la esposa y una de las hijas de Sigilo mojaron la cabeza del anciano: una pasaba un fino peine y la otra, con una navaja, iba cortando los nudos que había formado el cabello. El filo de la navaja pasó después a la cara, previamente humedecida con la grasa mentolada que habían usado para la herida. El pulso más seguro y experto de la hija menor de Sigilo, que solía afeitar a su padre, fue segando la barba blanquecina.

–Falta poco para el mediodía –dijo la mujer al terminar–. Dejémosle que descanse antes de llevarlo al consejo. Sigilo no tardará en volver.

8

Caura

Hacia el año 150 a. C.

No fue difícil seguirle. En los primeros momentos de la huida Paulo consiguió mantener una considerable distancia con Sandro, hasta que este extenuado le lanzó un martillo y desistió. Después, el prófugo aminoró el paso para no llamar la atención, daba largas zancadas y asomaba la cabeza antes de doblar una esquina. Cada cierto tiempo se paraba en seco y miraba hacia atrás para asegurarse de que nadie le seguía. Tirso se anticipaba a estos movimientos y fue tras él hasta que abandonaron el pueblo. En todo ese trayecto no se encontraron con nadie. El niño calculó que si se detenía para buscar ayuda, el prófugo alcanzaría sin dificultad la sierra y, una vez allí, sería casi imposible darle alcance. Prefirió convertirse en su sombra y aprovechar un descuido para saltar sobre él y obligarle a que devolviera su espada. Sandro, tan poco amigo de los conflictos, no concedería importancia al robo y mucho menos saldría a correr detrás del ladrón. «Te haré otra», sería su única respuesta. Y Tirso habría tenido que esperar otra vez mucho tiempo hasta que su padre encontrara un rato para cumplir la promesa.

Sin que Paulo advirtiera su presencia, Tirso se situó a su espalda. Solo les separaban treinta o cuarenta pasos. Tenía claro cómo debía actuar: correría con todas sus fuerzas, de un empujón derribaría al forastero, le arrebataría la espada y con el mismo ímpetu regresaría al pueblo. Tomó aire, cada zancada le acercaba a la espalda del otro, que caminaba ahora mucho más lento. Tuvo la sensación de estar volando. Cerró los ojos cuando calculó que faltaban instantes para que se produjera el choque. Contra todo pronóstico, Paulo giró la cabeza, comprobó la inminencia del empujón y dio un salto. La mejilla del niño se desolló al rozar con la tierra seca. No pudo evitar un lamento.

Cuando levantó la cabeza, el ladrón estaba a punto de entrar en la espesura del bosque. No supo qué hacer. Por un lado, debía mantener la persecución. El monte no era ni mucho menos una barrera para él, que a menudo acompañaba a su padre a cazar y buscar leña. Por otro, era consciente de que Paulo, al saberse descubierto, movería sus pies con más astucia. Pero debía recuperar la falcata como fuera.

Al entrar en el bosque permaneció inmóvil un rato. Giró varias veces la cabeza observándolo todo, hasta el mínimo detalle, minuciosamente. Antes o después un leve movimiento, un chasquido, un revolotear de pájaros, delataría el paso del ladrón. A fin de cuentas, pensó, un hombre no es muy diferente a un jabalí. Su padre le había enseñado que el buen cazador siempre sabe esperar el momento oportuno, contener la respiración hasta obtener la confianza de la presa.

Tuvo el presentimiento de que, en lugar de bordearlo, Paulo había decidido adentrarse en el bosque. Quizás no demasiado, pero sí lo suficiente como para que él orientara sus primeros pasos hacia la masa de vegetación. En una zarza encontró varios jirones de su ropa. Sonrió maliciosamente. Se lo estaba poniendo fácil. Junto al zarzal discurría una vereda. Las ramas que había tronchado al liberarse del enredo acusaban la orientación que seguía el huido. Pretendía llegar a la fortaleza romana, aunque quizás ignoraba que ese no era el trayecto más directo. Escuchó el revoloteo de unas tórtolas, probablemente Paulo había alcanzado la charca grande.

Si Sandro estuviera a su lado le habría ordenado regresar. A veces, los soldados romanos abrevaban allí a los caballos. Se contaban historias de que cuando sorprendían a alguna mujer o algún niño por aquel lugar organizaban cacerías con ellos. Los perseguían, monte arriba, monte abajo, hasta que desfallecían. Una vez capturados, los llevaban presos al campamento, desde donde muchos eran trasladados a Roma para venderlos como esclavos. Tal vez, pensó, ese sea el destino que aguarda a Paulo: hacer las veces de «conejo» para los soldados.

Las huellas del ladrón habían quedado impresas en el barrizal. Con los pies enfangados, dedujo, ahora caminaría más lento. Salió a una pequeña explanada, cubierta por árboles muy altos. Nunca antes había pasado por allí. Una alfombra de hojas cubría cualquier rastro del ladrón. La búsqueda planteaba ahora un problema añadido: tendría que decidir entre las dos sendas que se abrían al frente y a su derecha. Volvió a escrutar el suelo antes de tomar una decisión. Si quería evitar que aumentase la ventaja que le llevaba el otro no debía demorar la elección. Tampoco observó ningún indicio en los matorrales. Ambos caminos presentaban una anchura holgada como para que un hombre corriera sin enredarse. Le pareció que la decisión más coherente en alguien que huye es seguir de frente. Durante el primer trecho desde un pasillo se podía ver el otro, después la distancia entre ambos fue haciéndose mayor.

Un ruido le obligó a detenerse. Lo escuchó con atención: eran caballos. Por el repiqueteo de algunas de las piezas metálicas de los jinetes, dedujo que se trataba de un destacamento romano que se acercaba casi al trote. Tuvo el tiempo justo para saltar a un lado y evitar que lo vieran. Era un escuadrón de unos treinta jinetes; los dos que lo encabezaban iban ataviados con una túnica escarlata, ceñida por un ancho cinturón de cuero negro claveteado con latón. Sobre el hombro izquierdo lucían un haz de fasces, del que sobresalía un hacha. A medida que se acercaban a la explanada fueron aminorando la marcha. De entre ellos se abrió paso un séptimo, que debía de estar al mando. De este le llamaron la atención la túnica corta roja que lucía, así como la armadura con peto y espaldar, decorados con relieves. El jefe permaneció sobre el caballo, los otros saltaron a tierra. Le pareció mayor que su padre y su tío. Era de frente ancha y piel clara, casi blanquecina. También el cabello que dejaba entrever el casco parecía responder a esos mismos tonos. Aunque los demás ataron los caballos y parecían tranquilos, el jefe no ocultaba su inquietud, iba constantemente de un lado a otro, daba órdenes, preguntaba.

–Ya está aquí –anunció el que parecía ser su lugarteniente.

Como si esperaran un ataque enemigo, el grupo formó de inmediato en el centro del llano. El líder se situó detrás de ellos. Tirso aprovechó la maniobra para acercarse más al escenario de los acontecimientos. Desde allí pudo reconocer sin ninguna duda a la persona que esperaban los romanos. Antes de que en su asombro dijera en voz baja su nombre, el hombre a caballo se anticipó:

–Teodoro...

–Salve, cuestor Mario... –El recién llegado agachó la cabeza.

–Supongo que habrás venido solo. No hemos tenido tiempo de comprobar que no habéis urdido una de vuestras emboscadas...

Mario saltó del caballo. A un gesto suyo, los soldados que le protegían se apartaron. Dio unos pasos al frente hasta situarse ante Teodoro, que mantenía la cabeza gacha.

–Tampoco te hemos registrado –dijo el romano con ironía–. Quiero pensar que no intentarás matarme. ¿O sí?

–Cuestor, cómo se le ocurre que... –Teodoro estaba desconcertado.

–Nadie debe fiarse de vosotros. He pasado el día cabalgando de norte a sur. Mis hombres me cuentan que al primer descuido les tendéis trampas, intentáis robarles. Un comportamiento poco leal para con Roma. ¿Sabes, Teodoro? Deberíais estarnos agradecidos...

–Por supuesto, cuestor. No creo que haya nadie que vea un enemigo en las tropas romanas. –Teodoro hablaba con un hilo de voz. Desde su escondite, a Tirso le costaba oír sus respuestas.

–Mientes, Teodoro. Tú eres como los demás: un maldito embustero. Estáis acostumbrados a la rapiña, a vagabundear de aquí para allá. No os basta con quitaros la comida de la boca unos a otros sino que les inculcáis esos instintos criminales a vuestros hijos. Como los lobos, solo os consideráis adultos cuando sois capaces de atacar a vuestros vecinos. ¡Alimañas!

–Cuestor Mario... –Teodoro miraba al suelo como si estuviera a punto de arrojarse a los pies del romano–. Por unos cuantos desaprensivos, no debes repudiarnos a todos.

El militar seguía hablando sin escucharlo:

–Sois pueblos salvajes, carecéis de ley y cultura. Os regís por instintos animales. Mientras no cambiéis esa forma de vida silvestre, no podremos esperar otra cosa de vosotros que la traición y la sangre. –Mario echó a andar, nadie se movió–. Fíjate, Teodoro: en este bosque debe de haber muchas jaurías de perros rabiosos. Si algún rebaño se pusiera a su alcance, o incluso si lo hiciéramos nosotros mismos, se nos echarían encima y terminarían por devorarnos. Pero si, con mano firme y alimento, adiestramos a esas bestias, se convertirán en nuestros mejores aliados. Castigo y recompensa, ese es el secreto. Galba hará eso mismo con vosotros. Está cansado de vuestras fechorías. O consigue domesticaros para siempre o tendrá que borraros de la faz de la Tierra.

La última frase desconcertó al lusitano.

–No me mires con esos ojos de incredulidad. El poder de Roma lleva la paz y la prosperidad allá donde se extiende.

Y esta tierra, baldía por la ignorancia de quienes la habitan, no será una excepción. Escucha bien esta orden que desde hace días estoy transmitiendo a los cuatro vientos y que el pretor Galba en persona te va a comunicar: al amanecer de la cuarta jornada a partir de este encuentro se reunirán todos los hijos de Lusitania en la gran llanura que hay al sur de Caura. El pretor Galba repartirá tierras y os enseñaremos a cultivarlas. Quien quiera apartarse del bandidaje encontrará esa oferta generosa. Quienes no, serán aniquilados; colgados de los árboles, como se hace con los perros rabiosos. Tendrán que buscar el abrigo de las montañas como los lobos y se expondrán al dolor de ver morir a sus hijos. Lleva este mensaje a los tuyos, que vengan si miedo. En cuanto a ti, te anuncio que el pretor te va a pedir que no los acompañes. Prefiere que te quedes atrás para animar a los más indecisos, observar a los que desconfían y, por supuesto, para señalar a los traidores. Si obedeces, sabrá recompensarte.

–Se hará como deseáis, cuestor Mario. Precisamente el consejo de...

–No tengo tiempo para escuchar tus historias. Limítate a cumplir mis órdenes. Recuerda, cuatro jornadas. Castigo y recompensa...

El romano lanzó una mirada a los suyos, que, casi al unísono, subieron a los caballos. Hizo un gesto con la mano para que los acompañara. Teodoro montó con ellos.

–Vamos, el pretor Galba nos espera.

Tirso esperó a que se lo tragara la espesura del bosque para salir de su escondite. El tiempo que tardó en recuperar su libertad lo invirtió en tratar de comprender el alcance de la orden de Galba. No le había gustado el tono con el que Mario se había dirigido a Teodoro, pero le desconcertaba la actitud sumisa que este, diligente y altivo entre los suyos, había mantenido ante el romano. Le vinieron a la cabeza la ira y el desprecio con el que trató a Viriato cuando lo sorprendió hablando con su hija Helena. A tenor de lo contado por su tío, el Teodoro que había visto esa tarde, sumiso y condescendiente con Mario, no era el rico comerciante que se consideraba el dueño de Caura.

Al regresar al centro de la explanada, Tirso tenía que resolver un nuevo dilema. ¿Debía continuar la búsqueda de Paulo y obligarle a que le devolviera la falcata o, por la gravedad de lo que había escuchado, habría que dar por perdida la espada y volver lo más rápidamente posible a Caura, incluso antes de que lo hiciera Teodoro? Si renunciaba a la falcata, Sandro le castigaría por haber estado perdido más de medio día siguiendo al ladrón y regresar con las manos vacías. No todo, sin embargo, estaba perdido: si él contaba antes que nadie los planes de Galba, todos se pondrían contentos con la noticia del reparto de tierras y su padre sería menos severo. Quizás en poco tiempo su familia llegaría a ser tan rica como la de Teodoro. Con un pedazo de tierra de por medio, el comerciante miraría con otros ojos a Viriato, que podría casarse con Helena. Tenía que llegar cuanto antes y ser el primero en dar la noticia, pero... ¿cómo encontraría el camino de vuelta a Caura?

9
Eburia
Hacia el año 115 a. C.

El ungüento que habían traído Kares y Tileis le había aliviado el dolor, pero no resultó eficaz para atajar la calentura. Tenía la sensación de estar dentro de una tinaja. Los pocos ruidos que llegaban de fuera sonaban en su interior sordos, como si dos tapones le mantuvieran aislado de lo que ocurría alrededor. No podía evitar que cada cierto tiempo el cuello perdiera la fuerza y la barbilla diera contra el pecho. Sobreponiéndose al sopor, levantaba la cabeza para dejarla caer otra vez al cabo de unos instantes.

Cuando el mareo cesó, descubrió que debían de haberlo trasladado al jergón, mientras estaba inconsciente. El ambiente era ahora más fresco, y la luz que se colaba del exterior, menos intensa. Las mujeres estaban sentadas alrededor de la lumbre. Silenciosas, las cinco contemplaban el hervor del puchero.

–Está despierto... –anunció sin cambiar de postura Stena, la mujer de Sigilo.

Vevila se acercó al enfermo.

–Has dormido todo el día –dijo mientras le pasaba la mano por la frente–, creo que te ha bajado la calentura.

–Tirso, ¿quieres comer algo? –preguntó desde lejos Stena.

La sola mención de la comida le revolvió el estómago. Miró a Edereta, la hija mayor, y negó con la cabeza.

–No llueve –informó la muchacha–, pero se ha levantado un aire muy frío. El cielo se ha puesto cenizo. Han aplazado el consejo hasta el anochecer, Sigilo no ha vuelto.

–Le estamos esperando desde ayer –agregó su esposa mientras se acercaba una paleta de madera a la boca–. La tormenta ha debido de sorprenderle antes de alcanzar el paso. Quizás regresara a Barias o se habrá refugiado en alguna cueva. Le ha pasado otras veces...

Stena, de pequeña estatura, desdentada, se levantó con dificultad. Alcanzó una escudilla y la llenó del cocimiento que preparaba en el puchero. Pasó la vasija a una de las hijas y señaló con la cabeza a Tirso.

–Te vendrá bien tomar algo. Necesitas fuerzas para lidiar con esos dos hermanos, Orison y Kalbo. Quieren ponerlo todo patas arriba. Se pasan el día de un lado para otro y... ¡ay de quien se atreva a llevarles la contraria! Trabajan poco pero siempre están preparados para enzarzarse en alguna bronca. Como no les paréis los pies, terminarán por hacerse los amos.

Vevila le acercó el tazón a los labios a su abuelo. El caldo quemaba. Tirso retiró el rostro mientras la muchacha volvió a remover la comida con una paleta. Oyeron un murmullo de voces y algunos pasos sobre la gravilla. La más joven de las hijas se levantó y salió a la calle. Regresó con la noticia enseguida:

–Ya están aquí. Vienen a recogerte, Tirso.

La comitiva la encabezaba Tileis. El vozarrón de Tirso les salió al paso:

–¡No quiero ir a ningún sitio! ¡Dejadme descansar!

–Tirso, los miembros del consejo están esperando a que llegues para iniciar la reunión –explicó, conciliador, Tileis.

–Creí que a quien esperaban era a Sigilo –contestó el viejo–. Es él el que debe acudir, yo hace tiempo que no tengo nada que ver con ellos. Les advertí que no volvería a sentarme allí.

De nuevo ante el fuego, ajena a lo que se discutía, la mujer de Sigilo terció en la disputa:

–Tú mismo lo has dicho, Tirso: hace mucho de aquello. Debes ir. Sigilo lo haría si estuviera aquí. Estoy segura de que se ha demorado por alguna razón muy poderosa. No sé de qué habló con los gemelos poco antes de que se fuera, pero salió de aquí preocupado.

–¡A donde quiero ir es a mi casa! –insistió el viejo, malhumorado.

–¡Abuelo!

Tirso hizo como si no hubiera escuchado el requerimiento de su nieta:

–Hacía doce inviernos que no pisaba esta aldea –continuó–. Nadie me ha echado de menos: ni yo os he necesitado ni vosotros habéis querido saber nada de mí. Estamos en paz. No veo por qué debemos cambiar el orden de las cosas.

–Has sido tú el que ha venido a Eburia –replicó la mujer.

Tirso estalló, rojo de ira:

–¡Me han traído! No he pedido venir. Ha sido mi nieta, en su ingenuidad, quien me ha tendido esta trampa.

–También tú nos trajiste aquí –agregó la mujer de Sigilo–, y no recuerdo si llegaste a preguntarnos o tomaste la decisión por todos.

La mujer tiró la paleta con la que atizaba el fuego y, con algún traspié, se levantó. Su enfado era ostensible. Apartó a Tileis y a Vevila y se plantó ante Tirso.

–Estamos perdiendo un tiempo precioso –le dijo–. Pretendes cobrar una vieja deuda pero, mientras, ese par de gandules, sin que nadie les lleve la contraria, pueden estar tomando decisiones que nos comprometerán a todos. Desde el otoño estoy viendo cosas que no me gustan, gente que va y que viene, que murmura. Tirso, la vida en Eburia está empezando a ser otra y creo que ha llegado el momento de volver a hablar claro. Debes ocupar tu lugar en el consejo porque hace falta alguien que escuche a estos y a aquellos, que pregunte sin prejuicios ni resentimientos y, sobre todo, que esté dispuesto a preservar lo que hemos levantado en todo este tiempo. Es verdad, hacía mucho que no te veíamos por aquí, lo suficiente para convertirte en el juez imparcial que estamos necesitando.

Stena se dio la vuelta y, marcando más la cojera, echó a andar hacia la puerta. La detuvo el golpe de tos que se apoderó de Tirso. La mujer giró la cabeza y contempló el rostro congestionado del viejo. Quiso acudir en su ayuda pero, para cuando logró acercarse al jergón, Vevila y Tileis ya lo habían incorporado. Tenía la mirada perdida, los ojos en blanco, la boca abierta como los muertos.

10
Caura
Hacia el año 150 a. C.

Todos los caminos que le salieron al paso le devolvieron al claro del bosque en el que se habían encontrado Galba y Teodoro. Probó a retroceder, se adentró entre la maleza, buscó referencias para orientarse. Todo fue inútil. Antes o después, siempre acababa en el mismo punto de partida. Corriendo de un lado para otro, el bosque se fue haciendo más y más oscuro. Al terminar la enésima vuelta asumió que estaba perdido y que había anochecido. El nerviosismo, se dijo, no le ayudaría a salir de aquel atolladero. Prefirió sentarse un rato y tratar de recordar el itinerario que había seguido. Tampoco debía agobiarse pensando en sus padres: todavía era pronto y, ante la relevancia de la noticia que llevaba, su ausencia pasaría desapercibida. Cuando el corazón dejó de latirle con fuerza, reanudó la marcha. Antes de optar por una dirección, se situó en el mismo lugar donde estuvo Teodoro. Imaginó que tenía ante él al romano. Anduvo hacia atrás, como si también se estuviera despidiendo de él. Giró el cuerpo. En efecto, entre el follaje entreveía una senda. No debía correr, cualquier distracción le obligaría a volver a empezar de nuevo. Esta vez parecía que había acertado. «Enseguida –pensó– la distancia entre los árboles aumentará, el bosque irá abriéndose y tendré delante la llanura que lleva hasta Caura.» Sin embargo, cada vez le resultaba más difícil avanzar. Los arañazos se multiplicaban en sus piernas, las ramas le golpeaban el rostro. La angustia le hizo intentar apartarlas a ciegas con los codos. Al agitar los brazos para escapar de allí, sintió que las espinas de un arbusto se le clavaban en la mano que aquella misma mañana se había quemado. No pudo contener el alarido ni las lágrimas. Pidió ayuda con todas sus fuerzas y se lamió la herida intentando encontrar consuelo. Tras un forcejeo interminable con la espesura recuperó una cierta libertad. Le escocía el cuerpo entero. Aunque ni la noche ni la llantina le permitían ver nada, de nuevo echó a correr. Tuvo la sensación de que iba descendiendo por una pendiente. La inclinación era cada vez mayor, apenas si podía mantener ya el equilibrio. Durante un corto intervalo de tiempo, el suelo desapareció. Volaba. Acusó el golpe en el mentón y el costado. Después de dar en el suelo, apretó el abdomen. Apenas si podía respirar. También le dolía la cabeza. Lloró con fuerza hasta que se quedó dormido.

Notó las manos que le zarandeaban. Solo pudo abrir un ojo. El otro párpado estaba inmovilizado por una costra reseca. Alargó la mano y lo que tocó le resultó familiar. Aquella barba pertenecía a su tío Viriato.

–Me perdí –intentó decir, pero, al mover la mandíbula, algo le crujió en la nuca. Estaba mareado.

Viriato levantó el cuerpo del niño y trató de obligarlo a andar. El movimiento le arrancó un grito de dolor. El pastor desistió. Lo tomó en sus brazos y, con mucho cuidado, flexionó las piernas hasta clavar las rodillas en el suelo. Aunque evitó cualquier brusquedad al depositar al muchacho, no pudo impedir que este gimiera.

–Tirso...

El niño rompió a llorar.

–Ha sido una caída sin importancia. No te ha pasado nada –Viriato pretendía tranquilizar a su sobrino–. El bosque tiene su ley, nadie debe desafiarla.

–Quería volver y no encontraba el camino. –La congoja apenas si dejaba hablar a Tirso–. He dado muchas vueltas. Mi padre...

–Están buscándote, pero no podemos hacer nada por avisarles. Es mejor que esperemos a que amanezca para intentar moverte.

–Me duele mucho –insistió el niño.

–Tienes que aprender a sobrellevarlo. ¿Recuerdas lo que te dije esta mañana? El dolor nos hace fuertes. Solo si somos capaces de dominarlo llegaremos a vencer a nuestros enemigos.

Tirso intentó llevarse la mano quemada a la nuca pero no llegó a levantarla. Se le escapó otro lamento.

–No te muevas –le aconsejó Viriato–. Tu naturaleza está alterada. ¿Te has fijado en lo que ocurre cuando se agitan las aguas de una charca? Se vuelven turbias, ¿verdad? Eso mismo te está pasando a ti. Los posos de tus entrañas están ahora revueltos, por eso te duele todo el cuerpo. Hay que esperar a que se asienten. Y sin que te duermas. ¿Me estás escuchando?

Aun sin abrirlos, a Tirso le pesaban los ojos.

–La luz llegará por allí –el pastor señalaba con el dedo índice de la mano derecha, pero Tirso seguía sin abrir los ojos–. No tardará en aparecer.

–¿Por qué sabes todas esas cosas? –preguntó, sin vocalizar apenas por el dolor.

–Porque he dormido buena parte de mi vida al raso, voy con el ganado de un sitio a otro, observo el cielo, intento descifrar los secretos de la tierra, paso mucho tiempo solo...

–¿No te aburres?

–No. La única compañía que soporto es la de Altea.

Tirso esperaba la respuesta y tenía preparada la réplica:

–Y la de Helena.

De haber tenido los ojos abiertos, habría comprobado que su tío sonrió al escuchar el nombre de la hija de Teodoro.

–¿Altea y tú siempre habéis vivido solos en el campo?

–No. –Viriato empezaba a responder con desgana.

–¿Y antes?

–Tenía una casa como la tuya.

Se quedaron en silencio unos instantes.

–¿Dónde?

–A unos días de aquí. Tú no puedes acordarte, eras muy pequeño. Allí vivía toda la familia: tus abuelos, tus padres. Trabajábamos la tierra. Éramos felices...

Viriato dejó incompleta la frase. Su sobrino permaneció callado unos instantes a la espera de que reanudara el relato. Le pudo más la curiosidad:

–¿Por qué os marchasteis?

–Por algo que, desde que ocurrió, me esfuerzo en olvidar cada día. Es demasiado complicado para que tú lo entiendas. –Viriato quiso adelantarse a la curiosidad del niño–. Cuando el fuego prende, no siempre somos capaces de saber hasta dónde llegarán las llamas. Pues lo que pasó se parece a eso: encendí, jugando, una hoguera y luego fui incapaz de apagarla.

–¿Qué se quemó?

La incomodidad del pastor era evidente. Acomodó al niño en el suelo y se levantó. Dio pasos a un lado y a otro.

–Está amaneciendo. Enseguida intentaremos salir de aquí. ¿Crees que podrás resistir el dolor subido a mi espalda?

Tirso solo pudo asentir. Un intenso frío se había apoderado de él. Tiritaba. Viriato se sentó de nuevo a su lado, advirtió el temblor y lo volvió a acoger entre sus brazos.

–Tío, ¿qué se quemó? –preguntó otra vez el chico sin poder contener el castañeteo de dientes.

–No quiero hablar de eso, Tirso. No sé por qué lo he hecho esta noche. Aunque yo no pueda olvidarlo, me gustaría que nunca más volvamos a tener una conversación como esta. De lo que hice, lo más duro no fue el precio que pagué, sino el dolor y el perjuicio que causó a los míos. Por eso quiero que me prometas que cuando volvamos no dirás nada a tu madre, ni a tu padre ni mucho menos a Altea. ¿Me das tu palabra? –Tirso asintió con un gesto–. Ahora debemos irnos...

11
EBURIA
Hacia el año 115 a. C.

Perderé pronto la vida; en este páramo o en otro, lo sé. Quizás no sea tan doloroso como descubrir al desaprensivo que acecha el momento oportuno para apropiarse de lo más valioso que he tenido, mi única riqueza. De nuevo me ha despertado esta noche el canto de la lechuza. Todos dormían. Conservo la calentura y, aunque no he conseguido verla con detalle, la podredumbre avanza hacia la rodilla. La mejoría que me proporcionó el ungüento de Kares ha sido pasajera. Procurando que la pierna no rozara el suelo, fui arrastrándome hasta la puerta. Me senté en el escalón, eché los pies fuera y, buscando apoyo en la pared, conseguí incorporarme poco a poco. Sin dejar de cojear, tambaleándome, he tenido cuidado de que la orina caiga sobre la herida. El escozor que sentía me obligó a cerrar los ojos. Al abrirlos de nuevo, creí escuchar el retazo, apenas cuatro o cinco palabras, luego la risa, contenida. Supe enseguida a quién pertenecía. El resto fue fácil. Al embaucador le divertía, sin duda, la ingenuidad de su víctima. Hilaba con destreza las lisonjas, combinaba seguro realidad y fantasía. La trampa está tendida. La araña ha desplegado su tela y aguarda confiada el vuelo de la mariposa. No ha opuesto resistencia cuando esta ha pretendido alejarse, es consciente del deslumbramiento que ha ejercido, da por seguro que mañana, pasado como muy tarde, atraerá otra vez a la presa a su lado y preparará una nueva emboscada. Para evitar ser descubierto, he tenido que volver atropelladamente al jergón. La cojera no ha evitado que apoyara más de una vez la pierna enferma. Aunque ahora que lo recuerdo el daño me parece espantoso, juro que salté varias veces sin percibir dolor alguno. La verdadera aflicción estaba en mi garganta, rota por la rabia que sentía. Permitir que me trajeran hasta aquí tal vez haya sido la mayor insensatez que he cometido en toda mi existencia. Esta noche he comprendido que, al ceder, he comprometido no solo mi vida, que al fin y al cabo estaba ya vencida, sino todo mi patrimonio. Al recogerla de los brazos de su madre, me prometí que no volvería a cometer el mismo error: la protegería como no había sido capaz de hacerlo con mi propio hijo. De los tormentos que padecí, de los horrores que vi, de las injusticias en las que participé, sabría obtener los mimbres para formar su carácter. La fortuna premió mi constancia. Creció y se hizo fuerte. Día a día fui viendo cómo ganaba en seguridad, en mesura, en belleza. Acumuló tanta fiereza que ha terminado por dominarme. Suya fue la voluntad que me trajo aquí, ignorantes los dos de los peligros que acechan. Todos son malos presagios: el hombre que cabalga es posible que traiga la muerte, las deudas que no pagamos están al cobro, el ladrón prepara su fechoría.

De los tres, a este último es al que más temo. Y no porque la edad me haya privado de agilidad ni porque me falte coraje y astucia para impedir que consume el delito. Si no puedo hacer frente a mi enemigo es, sencillamente, porque juega con dos rostros, idénticos, gemelos.

* * *

El grito se expandió por todo el valle. Sonó cuando despuntaban los primeros rayos del sol. El lamento desagarrado de Stena sacó del sueño a todos, menos a Tirso, que no había conseguido pegar ojo en toda la noche. Desde su desvelo escuchó los resoplidos del animal cerca de la casa. Pasó un buen rato antes de que Stena despertara entre eructos. La observó trastear con cuidado por la estancia, reavivar las brasas y atizar el fuego, envolverse en una capa y salir. Entonces, gritó. Las hijas y Vevila saltaron de los jergones y acudieron en su auxilio. El viejo, en cambio, no se inmutó. Como otras veces, fingió que dormía y esperó, no sin tristeza, a recibir la noticia.

–¡Un perro ha traído la cabeza de Sigilo! –gritó Vevila antes de acercarse siquiera al jergón. Dio unos pasos más y, al comprobar que el sueño de Tirso era fingido, volvió junto a las mujeres que lloraban abrazadas.

Poco a poco se fueron uniendo al duelo otros vecinos. Cuatro o cinco espontáneos organizaron una partida para buscar el resto del cadáver por los alrededores. Para cuando llevaron dentro a las mujeres, Tirso estaba sentado ya frente al fuego. Tenía la mirada tan fija en la llama que su nieta pensó que la impresión le había provocado una parálisis.

–¡Tirso, Tirso...! –Stena se dirigía a él con desesperación–. ¡Está muerto! Sigilo, tu amigo... ¡muerto del modo más horrible! El perro ha dejado su cabeza en la puerta como si fuera una pieza de caza. ¿Podría merecerse un hombre bueno un final así?

A pesar del desconsuelo de la mujer, Tirso la escuchaba impasible, no daba muestras de vida. De mano en mano circuló una tisana que nadie consiguió hacerle probar a la viuda. Esta, completamente fuera de sí, pateaba el suelo, se doblaba para intentar regresar al lugar donde, sin que alguien se atreviera a retirarla de allí, todavía estaba la cabeza. Ronca, desgreñada, Stena se dejó llevar hasta el jergón matrimonial. Las hijas y Vevila formaron un coro de lamentos a su alrededor. Poco a poco, todos los que habían acudido al duelo también buscaron un hueco para sentarse. Una mano cerró las ventanas y entornó la puerta.

Tileis consiguió abrirse paso, cruzó la habitación hasta plantarse ante Tirso. Fue escueto:

–Mi tío quiere verte. Acompáñame –ordenó.

El viejo le lanzó una mirada desafiante. Le pasó por la cabeza la posibilidad de seguir haciéndose el invisible. ¿Cómo se atrevía aquel barbilampiño a dirigirse a él en esos términos? De haber tenido a mano su cayado, le habría dado su merecido al insolente, que, lejos de advertir la ira del anciano, volvió a incurrir en la misma desconsideración:

–Levántate y ven conmigo, mi tío está fuera.

–Y yo dentro –respondió sin inmutarse–. Cuando me apetezca hablar con tu tío, sabré cómo buscarle.

Tozudo, el joven tendió una mano para que Tirso se levantara e insistió con firmeza:

–Vamos, te están esperando.

A punto estuvo el viejo de ordenarle a gritos que se apartara de su vista, pero recordó que no era el momento adecuado para enzarzarse en una bronca. Debía ceder y acudir a la llamada de Kares, aunque luego ajustara cuentas con su sobrino. Aceptó de mala gana el ofrecimiento de ayuda de este y, con bastante dificultad, inició su andadura hacia la calle. No llegó muy lejos: otros dos jóvenes provistos de una parihuela se presentaron por sorpresa para evitarle la caminata. Kares se presentó acompañado por casi la totalidad de los miembros del consejo.

–Nos alegramos de verte más repuesto, Tirso –saludó, ceremonioso. Sin esperar a recibir la respuesta del aludido, giró levemente la cabeza de derecha a izquierda buscando, sin verlos, el asentimiento de los asistentes–. Quedamos en vernos ayer –continuó– pero el retraso de Sigilo nos obligó a aplazar la reunión. Por desgracia, nunca sabremos el resultado de las gestiones que él se había comprometido a realizar. Así que volvemos a tener sobre nuestras manos la responsabilidad de buscar una solución al...

Tirso le interrumpió:

–Un momento, Kares. Hace mucho tiempo que no he asistido a las reuniones del consejo. Ponme en antecedentes. Antes de nada... ¿Eres el nuevo adalid? Tuve noticias de que a la muerte de Caciro habíais elegido a Sigilo, pero no sabía que tú fueras su sustituto.

El murmullo ahogó las últimas palabras de Tirso. Kares hizo un gesto con las manos para pedir silencio.

–Tienes razón, Tirso. Todavía no hemos designado al sucesor del infortunado Sigilo. Me he tomado la libertad de abrir yo la reunión porque nadie negará que fui su más estrecho colaborador en este tiempo...

–Pero no eres el más anciano.

–Es evidente, Tirso. Muertos Sigilo y Sehijar, de los fundadores de Eburia solo quedamos Biurtan –Kares movió la cabeza a su derecha y señaló con un gesto a un patriarca de rostro apergaminado y mirada perdida, al que flanqueaban dos hombres más jóvenes–, tú y yo...

–Y de los tres, eres el más joven, Kares. Te trajimos entre nosotros como si fueras el mayor de nuestros hijos porque habías perdido a tus padres.

–Pido, entonces, disculpas por mi arrogancia a los miembros del consejo y en especial a ti. –Tirso advirtió un cierto resentimiento en la intervención de Kares–. Es cierto todo lo que dices: muerto nuestro querido Sigilo, debemos elegir un nuevo líder. Hace tiempo que Biurtan perdió el contacto con la realidad y, en lo que a mí respecta, mis pobres ojos secos... –Durante unos instantes permaneció callado–. Proclamemos adalid, pues, a Tirso. No debemos demorar la decisión.

Los murmullos y comentarios hicieron guardar silencio a Kares. Ni este ni Tirso parecían tener interés en reanudar el consejo. Transcurrido un rato, el viejo consideró que le correspondía tomar la iniciativa. Lo hizo como si su contrincante acabara de hablar.

–No es la primera vez que alguien tiene la deferencia de

proponer que recaiga en mí el honor y la responsabilidad de ser vuestro adalid. Solo acepté en una ocasión, cuando hace ya muchas lunas fundamos este consejo, y con la condición de que no fuera con carácter vitalicio. El día que elegisteis a Caciro, tras la muerte de Sehijar, juré que nunca más intervendría en los asuntos de Eburia. No he cambiado de idea... –Las murmuraciones se desataron de nuevo. Tirso agitó ambas manos para pedir silencio–. Las circunstancias, sin embargo, podrían hacerme pensar si, al menos por ahora, debo reconsiderar aquella decisión. No, esa es mi respuesta: no volveré a ser vuestro adalid. Creo, además, que lo más perentorio en este momento es honrar a Sigilo: recuperar sus restos y devolverlos convertidos en ceniza a la tierra. Solo cuando hayamos cumplido con esa obligación podréis elegir a su sustituto.

Las primeras protestas partieron de Orison y Kalbo y enseguida se les unieron otros de su misma edad, incluidos los dos que iban con Biurtan. Tileis, que se había mantenido hasta ese momento en silencio, alzó la mano para intervenir y pidió silencio:

–Tirso está en lo cierto. –El aludido no pudo reprimir un gesto de sorpresa–. Estamos de luto. Nuestro adalid ha muerto y tenemos la obligación de enaltecer su memoria. Todo lo demás es secundario en este momento. Propongo que nos dividamos en grupos y tratemos de localizar sus restos. Después le organizaremos un funeral como se merece. Solo cuando las cenizas de Sigilo regresen a la tierra estaremos en condiciones de buscarle un sustituto.

Como el asentimiento parecía general, muchos se levantaron. A todos los detuvo la voz de Biurtan, que forcejeaba para desasirse de sus ayudantes:

–Sigilo, Sigilo... –repetía con la cara desencajada–. Está en la puerta. ¿No le oís? Quiere pasar y no le dejan, quiere entrar y no le abren. –A trompicones se acercó a Kares–. ¿Verdad que sí, Sigilo? No te dejan ir pero todos acudiremos en tu ayuda. Tirso, Sehijar, Caciro..., volveremos a reunirnos para que regreses. –Los dos acompañantes no consideraban despegarlo de Kares–. Vamos, Sigilo. ¿Recuerdas cuando éramos jóvenes y luchábamos al lado de Viriato? Sí, tú eres Sigilo, el más valeroso de los nuestros. Ahora que Tirso ha muerto, debes convertirte en nuestro adalid. Vuelve, Sigilo, y ayúdanos a defendernos de nuestros enemigos.

Desde la parihuela en la que le devolvían a casa de Sigilo, Tirso cruzó una última mirada con Kares. Observó que Biurtan le tenía cogida una mano y, pese a los intentos de los asistentes, se resistía a separarse de él. Nadie le dirigió la palabra en el camino de regreso. Las calles estaban casi vacías. Le sorprendió comprobar que el interior de la casa, también. Vevila le contó que las sucesivas tisanas habían hecho su efecto y que tanto la viuda como las hijas se habían dormido. Él pidió que lo dejara descansar. Desde el jergón, contempló la puerta abierta y el rectángulo luminoso que trazaba en la penumbra de la estancia. La última vez que vio a Sigilo fue allí, en el umbral de su casa. No se dijeron adiós. Acababan de enemistarse para siempre.

12
Caura
Hacia el año 150 a. C.

El silbido de Viriato alertó a los demás. Nada más iniciar el camino de regreso, Tirso se quedó dormido en los brazos del pastor. Lo despertaron sus silbidos cuando tenían el poblado a la vista. El dolor de cabeza se le había acentuado con el traqueteo del traslado, le pesaban los ojos, seguía teniendo mucho sueño. Ante los avisos de su tío fueron saliéndoles al paso algunos de los que estaban participando en la búsqueda del niño. Pocos pasos antes de alcanzar la fragua, aparecieron Sandro y Bárbara. Los rostros de ambos acusaban cansancio y preocupación. En contra de lo que él había previsto, no hicieron preguntas. Viriato entregó el niño a su cuñado. Al recibirlo, el herrero lo apretó contra su pecho. Bárbara rompió a llorar. Desconcertado, el niño empezó a repasar la historia que tenía preparada para explicar por qué se había marchado, primero, y perdido, después.

–Se llevó la falcata, la falcata que... –balbuceó–. Los romanos quieren darnos tierras...

Entre la comitiva que se había formado en torno a los padres y el niño hubo risas.

–¡Está dormido todavía! –comentó divertida una mujer.

–Es cierto: el forastero te robó la falcata, le seguí para obligarlo a que la devolviera y me perdí en el bosque. Llegaron los romanos y...

Dejó de hablar, desorientado por el cambio de iluminación al entrar en la casa. Sandro le dejó sobre el camastro y se marchó junto al resto de vecinos. Poco después apareció Bárbara con una escudilla en las manos y un trapo. Lo desnudó y comenzó a lavarle. Notó el frescor en la frente, en las mejillas, detrás de la orejas. Para cuando quiso darse cuenta la pregunta ya estaba en el aire:

–¿Por qué os marchasteis de vuestro pueblo?

Bárbara se detuvo sorprendida.

–¿Quién te ha contado eso?

–No lo sé –mintió–. Como nunca me has hablado de tu casa, ni de tus padres, ni de tus hermanos...

–¿Y?

–Lo único que alguna vez te he oído decir es que vinisteis aquí poco antes de que yo naciera. Supongo que sería por alguna razón, algo tendría que ocurrir para que os mudarais.

Bárbara reanudó la tarea.

–No lo sé. Quizás nos hablaron de este sitio y probamos suerte...

–A veces he escuchado a padre quejarse de lo mucho que tiene que trabajar aquí, como si antes las cosas os hubieran ido mejor. ¿Por qué os fuisteis entonces?

Su madre guardó silencio, enjuagó el trapo y limpió los restos de barro de las piernas con prisa. Quería terminar cuanto antes con la tarea para dar por finalizada la conversación. Ante su silencio, Tirso volvió a la carga:

–¿Todos, los abuelos, los tíos, vosotros, quisisteis probar suerte? ¿Nadie era feliz allí?

Bárbara se levantó, recogió la escudilla y el trapo y se marchó. Entre sueños, Tirso creyó oír sus sollozos.

13
Eburia
Hacia el año 115 a. C.

Llevaba un buen rato intentando despabilarse cuando se desató la chillería. La sequedad en la boca dio paso a una punzada intensa en la garganta. La sed y el dolor se alternaban con el sueño que alimentaba la fiebre. Las voces de las mujeres terminaron de despertarlo. Hizo fuerza con las manos para incorporarse. Sentado en el jergón, descubrió que no había nadie dentro de la casa. La algarabía que llegaba de fuera tampoco le permitía saber exactamente qué estaba ocurriendo. Llamó varias veces a voces a su nieta sin obtener respuesta. Cansado de esperar, quiso salir por sus propios medios. Después de varios intentos, comprobó que después de seis días de calentura e infección su fuerza se había desvanecido. Su cuerpo era demasiado pesado para moverlo con el escaso apoyo que le prestaban los brazos. Maldijo la enfermedad y la vejez, que habían consumido el vigor que en otro tiempo todos admiraron. «Ya no vales para nada, Tirso», se dijo, no sin cierta amargura, antes de renunciar a levantarse. Volvió a llamar a Vevila con el mismo resultado que antes. En su desesperación comenzó a golpear con el cayado todo lo que tenía a su alcance. Por fin, escuchó que alguien pronunciaba su nombre:

–Tirso, ¿te ocurre algo?

No era su nieta ni ninguna de las mujeres que frecuentaba la casa. Se trataba de una voz masculina. Era Tileis.

–Han encontrado el cuerpo de Sigilo –le anunció–. Bueno, el cuerpo es mucho decir... Solo algunos restos. Parte de una pierna, el tronco y poco más. Debió de tener una muerte terrible.

–¡Sácame fuera! –ordenó con aspereza el viejo, que no había olvidado el incidente de la tarde anterior.

Les costó abrirse paso entre el gentío hasta el lugar donde se había detenido una de las partidas que buscaron el cadáver. El fardo que lo contenía había sido depositado en el suelo. Formando un círculo a su alrededor estaban las mujeres de la familia, tan fuera de sí como cuando tuvieron la primera noticia de la muerte, y varios miembros del consejo. Entre ellos Kares, que recibía las explicaciones de algunos de los autores del hallazgo.

Al advertir la presencia de Tirso, Kares fue a su encuentro.

–Los lobos lo despedazaron. Debieron de sorprenderlo en plena tormenta, no demasiado lejos de tu casa. Quizás no le dieron tiempo ni a defenderse.

–¿Y el caballo? –se interesó Tirso.

–Probablemente, huyó –respondió un hombre de mediana edad que presenciaba el encuentro a cierta distancia–. No encontramos ningún resto del animal.

–Tirso, la gente está a la espera de saber cuándo organizaremos el funeral... –explicó Kares.

–Organízalo tú. Ya os lo he dicho: renuncio a ser el nuevo adalid –recordó.

No esperó a conocer la opinión del otro. Hizo un gesto a Tileis y, con su ayuda, avanzó hacia las mujeres. Stena lloraba abrazada a sus tres hijas y a Vevila. Evitó mirar el fardo. El viento era frío. «Está a punto de empezar a llover», pensó. La única pierna que le proporcionaba sustento también le flaqueó, se tambaleó. De no haber sido por Tileis habría acabado en el suelo.

–Volvamos a casa de Sigilo –propuso el joven.

–No, busca un caballo para que me lleve a mi casa –pidió el viejo. Aquí no tengo nada que hacer.

Intentaron convencerlo con múltiples argumentos, pero ni las lágrimas de la viuda, ni la resistencia de su nieta, ni la amenaza de la tormenta, ni los ruegos de Kares lograron modificar su decisión. No quiso, además, que nadie les acompañara. A todos los ofrecimientos, Tirso respondió con su peor genio. Quería marcharse cuanto antes, y si Vevila se demoraba o intentaba disuadirlo con alguna treta, lo haría solo. Era tal el enojo que ni siquiera consintió en volver a casa de Sigilo a recoger lo poco que habían traído. Les proporcionaron un caballo viejo, una saca con comida y ungüentos para la herida.

Solo se despidió de Stena. La viuda los abrazó sin dejar de llorar. A los demás les dedicó apenas un ademán sin variar la expresión de contrariedad de su rostro.

Durante un buen rato cabalgaron sin dirigirse la palabra. En algún momento le pareció escuchar los sollozos de Vevila, que montaba el burro con el que salieron al abrevadero, pero no se molestó en volver la cabeza para comprobarlo. El viento soplaba cada vez más frío, la tormenta les sorprendería, probablemente, mucho antes de llegar a casa. No se equivocó. Al poco de empezar a subir, se oyeron los primeros truenos. Primero fue una detonación aislada que agitó a los jamelgos. Después el cielo retumbó como si anunciara el fin del mundo. Pese a la distancia que los separaba, notó el nerviosismo del animal que montaba su nieta: relinchó reiteradamente, dejó en el aire bufidos de descontento, intentó detenerse varias veces. La lluvia, que empezó a caer con furia, hizo aún más difícil el gobierno de la caballería. Como si las bestias se hubieran puesto de acuerdo, Tirso y Vevila quedaron de pronto a merced de ambas. Ella fue la primera en acabar en el barro; él, sacando fuerzas de la flaqueza, logró imponer su dominio por poco tiempo. Cuando se proponía regresar al lugar donde yacía la muchacha, el rocín hizo una pirueta, se puso a dos patas y lo tiró al suelo. La vejez le descubrió entonces otro de sus amargos secretos: a partir de cierto momento los huesos adquieren la misma fragilidad que la cáscara de un huevo. Sintió el crujido de las costillas al golpear contra la tierra, le faltó el aire. Tenía todo el rostro cubierto por el lodo. Ni podía abrir los ojos, ni conseguía apartar del paladar el sabor a tierra. Extendió los brazos para alcanzar a tientas el cuerpo de Vevila. No sabía dónde estaba. Aunque la llamó varias veces, no hubo ninguna respuesta.

Había imaginado algunas veces su final, pero jamás pensó que sería así, en mitad del camino, cubierto por el barro y devorado por las fieras que habían acabado con Sigilo. La suya sería también una muerte horrible, sobre todo porque iba a encontrarla junto a Vevila, la persona a la que más había querido en su larga existencia. No le importaba morir pero no soportaba la idea de que, en su tozudez, había arrastrado a su nieta al mismo fin.

A falta de otra ayuda, invocó a quienes le habían precedido.

–Venid en mi auxilio, padre, madre –suplicó a voces–. Acude a socorrerme, Viriato. Hijo mío, ya que tan pronto te apartaste de este mundo, no permitas que tu heredera corra la misma suerte. Compadecedme desde el otro lado del río. No castiguéis con tanta saña mi locura. Ayudadme –imploró con los brazos extendidos hacia el cielo, como si esperase que alguien pudiera venir a estrechar sus manos–, os lo ruego. Haced conmigo lo que gustéis, pero a ella devolvedla a la vida...

Lloró un buen rato. Conforme pasaba el tiempo, más seguro estaba de que la agonía sería larga. La herida de la pierna, de la que casi se había olvidado por culpa del fuerte dolor que sentía en el pecho, empezó a escocerle. Tenía mucho frío. La modorra fue apartándolo de este mundo.

–Vevila... –musitó.

Antes de apagarse para siempre, creyó escuchar de nuevo el canto de la lechuza.

* * *

Supo que era ella. La espesa bruma blanquecina envolvía la figura de una mujer que aparecía superpuesta a un potente haz de luz. Otro, en su lugar, habría creído que se trataba de alguna diosa pero él la identificó sin ninguna dificultad. ¡Había deseado tanto ese encuentro! Extendió la mano derecha para tocar sus cabellos, para volver a sentir el tacto de su piel. Aunque estaban frente a frente, la distancia que los separaba era muy superior a la que podía calcular el ojo humano. Por mucho que se esforzó, no consiguió alcanzarla. Temió que se tratara de una ilusión, una más de las muchas que a lo largo de su vida le hicieron creer que no la había perdido para siempre. Para conjurar el encantamiento, decidió hablarle...

–Madre... –la llamó.

Aunque inalcanzable, la mujer sonrió: sí, podía oírle. Animado por este descubrimiento, insistió.

–Madre, no ha habido un solo día en todo este tiempo en que no haya pensado en ti. Saber que fui el causante de tu muerte ha sido el mayor sufrimiento que he soportado. Perdóname, madre, te lo suplico.

–No tengo nada que perdonarte, Tirso. –Su intuición, esta vez, no le había traicionado: era ella, Bárbara, su madre–. A tu edad –la aparecida siguió hablando– ya habrás tenido ocasión de descubrir que hay situaciones que podemos controlar y otras que no. Con pericia, somos capaces de dirigir el carro de la vida pero difícilmente se puede evitar acabar en el barro cuando, como te acaba de ocurrir a ti, el caballo se desboca. Todo, hijo mío, está encadenado: lo que podemos dominar y lo que no. Si has de pedir perdón por algo, hazlo solo por aquello que brotó de tu voluntad. El curso de mis días estaba escrito. Una mano lo borró, no fue la tuya...

Tirso rompió a llorar. La pena le afloraba desde muy adentro. Quizás, si hubiera podido tomar las manos de Bárbara habría encontrado un poco de consuelo.

–Madre, perdóname –insistió–, fui el causante de todos tus sufrimientos. –Como cuando era un niño, el llanto apenas le dejaba hablar–. Encontré el anillo en el taller. Todos supimos luego cómo había llegado hasta allí, pero te juro que, cuando lo tuve entre mis manos por primera vez, no se me pasó por la cabeza que en aquella joya estaba el origen de tanto dolor.

–No te atormentes más, Tirso. –La voz de su madre sonaba más dulce y consoladora que nunca. De haber podido hacerlo, seguro que le estaría acariciando, como tantas noches antes de dormirse–. Por desgracia, no tuvimos elección. Ni tú, ni tu padre, ni yo misma...

–Pero si en lugar de guardármelo te hubiera entregado el anillo, no habría pasado nada. Estaba furioso por haber perdido la falcata, quería llegar a ser un hombre cuanto antes para buscar a Altea y me habían desarmado. De padre no podía esperar nada porque se fue con la partida de Viriato. Estábamos solos, casi abandonados, pasábamos hambre... ¿Recuerdas?

La aparecida no asintió, pero un esbozo de sonrisa asomó a su rostro. Era la señal que esperaba Tirso para seguir hablando:

–Sin tener nada que llevarnos a la boca, de buenas a primeras me vi con aquella joya en las manos. ¿Cómo iba a saber yo que formaba parte del botín que Viriato había robado a la mujer del pretor y que mantuvo escondido hasta que un traidor codicioso lo robó? No, para mí era simplemente un golpe de suerte, una señal del destino y la recogí sin pensarlo. Después apareció el cetrero con el halcón. Siempre había querido tener uno. No fue difícil cerrar un trato.

–Déjalo ya, Tirso.

–No puedo, madre. Necesito ajustar cuentas con el pasado para poder cruzar al otro lado en paz. Si lo hago sin saldar todas mis deudas, volveré a encontrarme allí con todos ellos: con el mezquino de Héctor, con el resentimiento de Teodoro, con la crueldad de Galba. Quiero atravesar el río y volver al único sitio donde fui feliz, a Caura, contigo, con Altea, con padre, con Viriato...

Bárbara suspiró. Ahora era la tristeza la que se entreveía en sus ojos.

–Ah..., Tirso. Desengáñate: nunca regresamos a donde fuimos felices ni podemos recobrar en un lugar la dicha que disfrutamos en otro. Nada es igual a este y ese lado del río.

–¿Tú no querrías volver a Caura? –Tirso comprobó que su voz había dejado de ser la de un viejo para recuperar la que tuvo de niño–. ¿O prefieres ir a ese sitio del que vinisteis, del que nunca queríais hablar?

–Cuando ya se ha vivido, el ayer es como una gran roca, hijo mío. Es un todo, no hay partes ni se mueve con facilidad. Volvería a Caura en los días en que disfruté de la juventud y de cómo crecías. Hubo otros momentos menos agradables. A ti te ocurrirá lo mismo...

–Los mejores días de mi vida fueron los que pasé a tu lado, madre. Todo lo que trajo después el vendaval, la masacre, la pérdida de Altea, tu muerte, la de Viriato, ha sido solo sangre y dolor. Estoy cansado de ver tanto horror: dame la mano y llévame contigo para siempre.

–Antes debes poner orden en tus ideas y en tus sentimientos. Para poder cruzar el río sin dificultad, tienes que despojarte de todo lo que te pesa. Es cierto que no tardarás en cruzar a esta ribera, pero solo de ti depende que encuentres aquí la tranquilidad que buscas o mantengas la zozobra que ha atenazado toda tu vida. Vuelve a ser el niño feliz que yo recuerdo, hijo mío.

–Ojalá pudiera... Al echar la vista atrás me doy cuenta de que se pueden contar con los dedos de una mano los momentos de felicidad que he disfrutado. Me hice mayor el día que me quemé la mano, ¿te acuerdas? A partir de ahí, una cosa trajo otra, hasta hoy mismo. Animé a padre y a Viriato a que acudieran al reparto de tierras, perdimos a Altea, a la que quería como a una hermana, encontré aquel anillo, lo vendí, los romanos te llevaron presa, te torturaron hasta hacerte creer que era mejor la muerte, fui con Viriato de un lado para otro, no conseguí evitar que fuera traicionado, luego la desbandada, buscar un nuevo lugar para empezar de nuevo, un hijo, otro dolor, más dolor, hasta ahora mismo, la he visto tirada sobre el barro, muerta...

–Recrearte en todo eso hará más pesada la carga, Tirso.

El viejo intentó dar unos pasos para acercarse a Bárbara. No pudo. Una raíz invisible le mantenía atado al suelo.

–¿Eres feliz ahí, madre?

–Sí –respondió ella sin dudar ni un instante–. Antes de quitarme la vida, mientras sufría el tormento al que me sometieron, separé el grano de la paja, puse a un lado lo que había dado razón de ser a mi existencia y lo que no. El amor de tu padre, verte crecer, mi niñez junto a mis padres y mi hermano antes de que sufriéramos la vergüenza y el escarnio, empezar de nuevo..., asumir que todo aquello era parte del camino, etapas que quedaron atrás, me ayudó a renacer.

–¿Ves a padre, a Viriato...?

–Debo irme, Tirso.

–Espera, dile a padre que he aprendido a quererle como no supe hacerlo cuando lo tuve a mi lado.

La imagen de Bárbara empezó a disolverse en la bruma.

–Espera... Llévame contigo.

No obtuvo respuesta. Sintió que unos brazos le tomaban por las axilas y tiraban de él. Volvió a sentir el dolor en la pierna, el escozor que causaba el barro sobre la herida. Quiso abrir los ojos, pero el barro los había cegado con una venda de color pardo. Palpó los brazos fuertes, las manos grandes, los puños cerrados sobre los que descansaba su cuerpo. No consiguió verlo, pero sabía que sus talones debían estar marcando dos carriles en el lodo. Notó el cambio de luz, el abrigo de algún tejado o de una pared y el nuevo contacto, esta vez más suave, de su cuerpo con la tierra. Se mantuvo inmóvil un buen rato, hasta que el frío le hizo temblar. Como seguía sin poder abrir los ojos buscó orientación con las manos. A su izquierda, su tacto descubrió ropa mojada. A pequeños saltos, los dedos localizaron el pecho de una mujer, después se detuvieron en su rostro. Entonces, escuchó el gemido. No llegó a ser un lamento. Eran solo cuatro o cinco palabras inconexas pronunciadas en tono lastimoso, lo suficiente para que en la cara cubierta por el barro de Tirso se dibujara una sonrisa. Vevila estaba a su lado.

14

CAMINO DEL TEJUELO

Hacia el año 115 a. C.

El humo apenas le dejaba respirar. Se restregó los ojos para apartar los restos de barro seco pero tampoco consiguió ver nada. La oscuridad y una espesa humareda le impedían averiguar lo que ocurría. No se dio por vencido. Trató de incorporarse pero el dolor que emanaba de la herida había alcanzado ya la cadera. La inflamación se extendía desde la pantorrilla hasta el muslo. Para protegerse del humo se tapó la nariz y la boca con las manos. Una pequeña llamarada iluminó tímidamente el lugar. Mantuvo los párpados entornados y alzó la cabeza. La luz provenía de una estaca, clavada en el suelo, que alguien había dejado casi a sus pies. Aun en la penumbra descubrió a Vevila tumbada a su izquierda. Al fondo, casi fuera de su campo de visión, creyó distinguir las figuras de dos caballos. El eco multiplicaba los escasos ruidos que rompían el silencio áspero de la estancia. Enseguida comprendió que quien los auxiliara había buscado el refugio de una cueva. Volvió a toser. Otro círculo anaranjado se aproximaba por la derecha. Empezó siendo un punto pero aumentó de tamaño a medida que se acercaba. La luz, aunque débil, permitió que viera al hombre que portaba la antorcha. Era alto, fuerte. Tenía el pelo y la ropa mojados. El desconocido se quedó mirándolo unos instantes, el tiempo justo para comprobar que estaba despierto.

–Os encontré en mitad del monte, en el suelo, casi muertos... –dijo a guisa de saludo.

Tirso también eludió cualquier ceremonial.

–¿Cómo está mi nieta? –preguntó.

–Recuperó la consciencia antes que tú. Ahora duerme. Deberías hacer lo mismo: quizás tardemos en poder salir de aquí.

–¿Quién eres?

–Duerme, Tirso....

–¿Cómo sabes mi nombre?

–Ya te he dicho que la muchacha se despertó antes...

El viejo hizo un gesto de contrariedad: no estaba dispuesto a admitir las respuestas escuetas del desconocido. Esperaría a que Vevila le contara qué había ocurrido. Ante el silencio de Tirso, el hombre dio algunos pasos más hacia delante. Se agachó, apartó la gravilla con las manos y clavó la tea. Cuando se retiraba, Tirso no pudo evitar volver a preguntar:

–¿Eres de Eburia?

–¿Qué puede importarte de dónde vengo? –contestó con desgana y sin dejar de darle la espalda.

Era joven. Lo delataba la firmeza de la voz y la insolencia, la misma con la que le habían tratado Tileis y los gemelos. Hasta su propia nieta olvidaba a veces el respeto que merecen las canas. El desconocido era quien debía dar todas las explicaciones sin obligar a un anciano a insistir con nuevas preguntas. Decidió no volver a dirigirle la palabra pero el sujeto dio media vuelta y regresó a su lado. Se puso en cuclillas y le tocó con una mano el pie y con la otra la pierna enferma.

–¿Te duele? Tanto tiempo entre el barro... –No terminó la frase–. En cuanto amanezca habrá que sajar la podredumbre. Parece que tienes calentura... –Le tomó la mano para asegurarse–. Vevila me ha dicho que llevas enfermo varios días. Descansa. Yo también voy a dormir.

El individuo tardó poco en quedarse traspuesto. Tirso quiso buscar una postura más cómoda para conciliar el sueño. No la encontró. Intentó volverse hacia la derecha, pero el dolor que originó el peso de la pierna sana sobre la que estaba enferma le hizo desistir. Probó entonces la posición contraria, pero volvió a hacerse daño. Boca arriba tampoco se encontraba cómodo. La espalda aún se resentía de la caída del caballo. Una de las teas se apagó. Se preguntó por dónde se accedería a la cueva, con el único propósito de buscar una distracción a sus molestias. Aguzó el oído para distinguir los sonidos que procedían del exterior y los de la gruta. La respiración de Vevila y el desconocido, los que emitían los caballos, el casi insignificante crepitar de la tea... Por último, advirtió que no muy lejos de allí había agua: a cada poco una gota caía sobre una masa de líquido que, por la reverberación que emitía, debía de ser grande. Dejó de buscar sonidos y empezó a contar, una tras otra, gotas de agua. Al despertar no pudo recordar dónde había detenido el cálculo.

Supo que era de día por la mancha blanquecina que observó en el techo de la oquedad. A primera vista, nada era como él había imaginado durante la noche. No había dormido frente a la entrada. El refugio se hallaba a un lado de una especie de pasillo que unía el exterior con las entrañas de la tierra. Era un espacio pequeño, alargado, de una altura no superior a la de los caballos, a los que alguna mano había sacado fuera. Tampoco estaban Vevila ni el forastero. Por su mente cruzó la idea de que lo habían abandonado a su suerte. No le gustó aquel lugar para morir. A medida que se ponía más nervioso, crecía también su ira. ¿Dónde habían ido? ¿Por qué se habían desentendido de él? Como un niño asustado, empezó a gritar. No era capaz de pronunciar el nombre de su nieta. Simplemente, abrió la boca y dejó salir todo el aire que guardaba en los pulmones. Su voz, rota, reseca, golpeaba igual que un murciélago las paredes de la cueva hasta perderse pasillo abajo, pasillo arriba.

Llegaron enseguida. Él antes que ella. Alarmados por su aspecto congestionado, lo levantaron de un solo impulso y lo sacaron fuera en volandas. A medida que sintió la lluvia en la cara fue tranquilizándose. Una violenta tiritera se apoderó de su cuerpo. Quiso impedirlo, pero ya era tarde: se estaba orinando encima. Sin ningún motivo concreto, empezó a llorar.

Lo acomodaron en el umbral. Mientras el desconocido le daba a beber una tisana, Vevila se afanaba en asearlo. Por la forma que ambos tenían de mirarse, supo que estaban a punto de anunciarle algo.

–Vamos a limpiarte la herida, te dolerá –anunció él sin rodeos.

Sin darle tiempo a reaccionar, le practicó un profundo corte desde el tobillo hasta el muslo. Soltó el cuchillo y, con la misma rapidez, empezó a apretar con las dos manos toda la zona inflamada. Tirso gritó con mucha más fuerza que lo había hecho en el interior de la cueva. El alarido sobrevoló valles y montañas. El forastero se apartó, tenía las manos ensangrentadas. Con un trozo de su vestido, Vevila fue limpiando toda la inmundicia.

Había escampado. Terminada la cura, salieron. A pesar de la modorra escuchó con claridad el paso de un caballo. Vevila regresó a su lado.

–Ha ido a buscar a nuestro burro. Es viejo. Debe de estar cerca... –le explicó.

–¿Qué sabes de ese hombre? –preguntó el anciano casi entre dientes.

–Nada.

–¿No habéis hablado?

–Poco. Responde a todo con un sí o un no. Me desconcierta...

–Pero al menos te habrá dicho cómo se llama y de dónde viene –insistió Tirso.

–El nombre sí, Ambón. Del resto, casi nada. Le ha hecho más caso a su caballo que a mí. No me gusta...

Tirso no hizo ningún comentario a la última frase de Vevila.

15

Caura

Hacia el año 150 a. C.

Se convertiría en su sombra. Lo había decidido aquella misma mañana, al despertarse. Desde que volvió de la sierra, nadie parecía dispuesto a escucharle. Su madre había rehuido volver a hablar con él, después de la conversación que habían tenido sobre el pasado de la familia. Sandro era hombre de pocas palabras. Al comprobar que su padre no tenía mucho interés en lo que pretendía contarle, prefirió no insistir para evitar que lo pusiera a trabajar con él en la fragua. Cansado y cabizbajo, Viriato regresó tarde. Altea se durmió enseguida. Sin embargo, a Tirso se le habían quedado grabados en la memoria los ojos, fijos en él, de Teodoro. Todavía no se explicaba cómo no lo había descubierto. Si los adultos de su familia no quisieron saber de la entrevista y en sus conversaciones no hicieron referencia a la oferta del pretor, ¿a quién había hecho partícipe aquel de lo que se traía entre manos? Tendría que vigilarle para averiguarlo.

A pesar de los desollones y de la quemadura, trepó a un árbol y esperó a que se produjera alguna novedad en la casa de Teodoro. Las primeras en salir fueron Helena y un aya, ambas provistas de un par de cántaros. Volvieron con un andar más pausado. Después, vino y se fue varias veces un hombre viejo, probablemente un criado.

Por fin apareció. Lo hizo con parsimonia, como si tuviera miedo de poner un pie en la calle. Enfiló hacia el centro de la aldea. Cuando lo tuvo lejos, Tirso dio un salto y abandonó el árbol. A causa de su cojera, Teodoro caminaba tan lento que, para evitar alcanzarlo, a veces el niño tenía que detenerse. Gracias a esa ventaja, pudo estar un rato con Sandro. Cuando lo vio pasar por la ventana del herrero, inventó un pretexto y reanudó la vigilancia. Pero Teodoro apenas habló con nadie. De vez en cuando dedicaba un saludo con la mano, o intercambiaba unas cuantas palabras con algún conocido, pero sin detener su paseo por Caura.

Casi a mediodía, entró en un cercado. No se molestó en cerrar el portón. Uno tras otro fueron llegando varios hombres, al menos contó diez. El muchacho asomó la cabeza. Vio en primer término un sembrado y más allá un pozo y una caseta donde se debía de estar celebrando la reunión. Pensó que sería mejor que desistiera: por más que miraba no encontraba un lugar donde esconderse. Quizás, si se acurrucaba junto al montón de paja que había junto a la fachada de la chabola, podría escuchar algo. Cuando llegó hasta allí descubrió, sin embargo, que había un sitio mejor: un pesebre casi a la medida de su cuerpo.

–Habrá tierras para todos –estaba diciendo Teodoro–. El pretor está decidido a repartirlas. Solo pide un gesto de buena voluntad: que los que estáis en condiciones de trabajar acudáis al lugar que me ha indicado. Aquí, a la espera de vuestras noticias, nos quedaremos los tullidos y los viejos. La oferta no puede ser más generosa, pero ya sabéis cómo se las gasta Césaro. Recela de todo y además está muy influenciado por su hijo. Darío arrastra a la gente más joven. Por eso os he pedido que vinierais. Para que vayáis a la reunión del consejo prevenidos. Si ellos ponen objeciones, debemos ser firmes en la respuesta. Es el momento de sellar una paz duradera con los romanos. Nos interesa a todos...

–¿Y si el consejo acuerda que no acudamos a la cita con el pretor? –El que preguntaba debía de estar junto a la ventana, su voz sonaba más cercana que la de Teodoro.

–Eso no debe ocurrir...

–¿Y si ocurriera? –insistió otro.

–Entonces deberemos buscar otro adalid. Césaro está viejo. En realidad, quien toma las decisiones es Darío. Con mucha habilidad, el padre lleva tiempo preparando al hijo. Quiere que sea su sustituto cuando él falte, como también él heredó el puesto de su padre. Y para convenceros de que, a pesar de su juventud, tiene mesura y buen juicio, a veces le hace hablar de una forma y a veces de otra. Si ayer era contrario a pelear con los romanos, mañana probablemente dirá que no necesitamos las tierras que nos ofrecen.

–Poco podremos hacer en ese caso... –añadió alguien.

–¡Al contrario! –gritó Teodoro–. Será el momento de poner las cosas en su sitio. Hace tiempo que necesitamos otro adalid. ¿Os imagináis a Césaro negociando con el pretor Galba? ¡No tiene carácter! Si los romanos se avienen a buscar la paz es porque han comprendido que no estamos dispuestos a dejarnos someter. ¿Qué preferís, que nos defiendan de quienes nos atacan o que nos declaren la guerra?

Hubo un silencio al que puso fin, de nuevo, Teodoro:

–Recordad que habéis jurado no contar a nadie lo que hemos hablado aquí. Antes de que nos despidamos quiero que sepáis algo más: seréis los primeros en el reparto, recibiréis los campos más fértiles. El pretor ya conoce vuestros nombres. Mañana, debéis estar atentos a mis gestos. Césaro no será un obstáculo para nuestros planes.

Salieron como habían entrado, de uno en uno. Teodoro se quedó el último. Abandonó la caseta y se entretuvo en el huerto. Inesperadamente, regresó hacia el lugar donde se hallaba escondido Tirso. Removió la paja, quizás buscando los huevos de las gallinas que correteaban por allí. El niño se aferró a las paredes del pesebre, tuvo que arrodillarse para evitar que le asomara la cabeza. Esperó un buen rato. No le había oído marcharse pero tampoco parecía que se moviera por allí. Quiso comprobarlo pero su cabello se había enredado en algo que tiraba y tiraba del pelo hacia arriba. Cedió a la fuerza que lo obligaba a ponerse de pie.

–¿A quién tenemos aquí?

Reconoció sin dificultad aquellos ojos. Chilló e intentó liberarse de los dedos que lo alzaban del suelo, pero otra mano le apretó el pescuezo.

–¡Un ladronzuelo! ¿Has venido a robar los huevos de mis gallinas? –Y antes de que pudiera negarlo recibió la primera bofetada–. ¿De dónde sales tú, mequetrefe? Quieres comer a mi costa, ¿no? Pues te voy a dar un buen escarmiento. ¿Has visto que estoy cojo? ¿Lo has visto?

Llorando, el niño asintió con la cabeza. La mano seguía apretándole el cuello.

–Pues estoy cojo porque mi padre me dio una soberana paliza. ¿Y sabes por qué recibí aquel castigo? ¿Lo sabes, ladrón?

No lo sabía pero tampoco tenía voz para responderle.

–Porque hice lo que no debía. Le desobedecí. Me ordenó que no me acercara a una muchacha y no respeté su voluntad. Y me pegó, y me pegó –repitió con saña–. Ya ves, no lo he olvidado. Por eso, porque falté el respeto a mis mayores, ahora soy un tullido. Como lo serás tú cuando acabe contigo.

El rodillazo fue directo al estómago. Le vino una arcada. Otra bofetada le hizo ver todo de color rojo.

–Padre, ¿qué estás haciendo? –preguntó una voz de mujer–. ¡Suéltalo! ¡Es un niño!

–Un niño, un niño... ¡Es un ladrón! Y voy a matarlo con mis propias manos.

Alguien a quien Tirso no pudo ver, forcejeó con el viejo. Cesó la presión que sentía en la garganta.

–Es el sobrino de Viriato...

–Viriato... ¡No quiero que pronuncies ese nombre en mi casa! He jurado matarlo si me entero de que te acercas a él.

Helena tiró con fuerza del brazo del chico para apartarlo de su padre. Sin perder impulso, entraron en la caseta y se escondieron detrás de unos odres. Teodoro no los buscó, se alejó dando voces. Ellos abandonaron el escondite cuando estuvieron seguros de que el peligro había desaparecido. Pese a la violencia del ataque, Tirso se sorprendió al comprobar que no había llorado. Al observar su entereza, Helena creyó que todo había quedado en un simple susto. Aun así quiso obsequiarlo. De una repisa bajó un tarro que contenía miel reseca. Con una paleta arrancó un trozo y se lo alargó. Estuvo tentado de rechazarlo pero al final pudo más el apetito que despertó el dulce.

–Tu padre se va a enfadar cuando lo sepa. Robar...

–¡No soy ningún ladrón! –protestó el niño.

–Entonces... ¿qué hacías aquí?

–Nada malo. –Buscó con urgencia una excusa que pudiera parecer convincente–. Entré persiguiendo a mi perro. No tuve tiempo de explicárselo, empezó a pegarme sin avisar.

Para dar más consistencia a su argumento, apretó el rostro como si estuviera a punto de echarse a llorar.

–A veces no puede controlar su cólera –dijo rápidamente Helena.

–¿Siempre ha sido así?

–Sí, su mal genio le ha granjeado pocas simpatías.

–No me refería a eso –aclaró el niño–. Te preguntaba si siempre ha sido cojo...

Helena esbozó una sonrisa y apartó el mechón de pelo castaño que le había caído sobre la mejilla.

–No ha tenido una vida fácil. Cuando era joven su padre le propinó una soberana paliza. Quería castigarlo por acercarse a una mujer que no le convenía, pero lo hizo con tanta saña que lo dejó cojo. No pudo correr, ni pelear. Le cuesta montar a caballo. Es duro: la mano de su propio padre lo convirtió en un tarado. El carácter se le agrió.

–Entonces... la culpa no es de Viriato.

–¿Culpa? –se extrañó ella.

–Teodoro te ha prohibido ver a mi tío no porque sea un mal hombre sino porque está amargado. Bueno, y porque Viriato es más pobre que tú...

Helena asintió.

–Pero yo le convenceré –añadió sonriente.

16

Cerca del tejuelo

Hacia el año 115 a. C.

Apareció sin el burro. Con el mismo poco entusiasmo por hablar que había demostrado desde que lo conocieron, les contó que no había encontrado rastro del animal. Abuelo y nieta tendrían que reanudar el viaje en el caballo viejo que les entregaron en Eburia. El color oscuro del cielo aconsejaba, además, ponerse en marcha cuanto antes. Ambón se ofreció a acompañarlos. Como no había dado muchas explicaciones sobre su origen y destino, no sabían si debían agradecer el esfuerzo o, en realidad, el trayecto que harían juntos era solo parte de un viaje más largo. A la hora de montar, el forastero cedió su caballo a Vevila. A él no le importaba ir a pie, dijo.

A pesar de que el monte estaba embarrado, no les costó orientarse. Tirso sugirió que siguieran la vereda más alta de cuantas hallaran para eludir las zonas encharcadas. La senda elegida era tan estrecha que les obligó a desplazarse en fila. Ambón se situó a la cabeza. Repentinamente, a poco de salir les ordenó detenerse. Antes de que el viejo pudiera preguntar el motivo, hizo un gesto para que guardaran silencio. Durante unos instantes se quedó parado, como mirando al cielo. Después ascendió ladera arriba hasta desaparecer de la vista de Tirso y Vevila. No se atrevieron a moverse ni cruzaron una palabra. Al fin lo vieron descender, casi rodando. Desde lejos, les pidió con gestos que descabalgaran sin hacer ruido. Mientras él se hacía cargo de los caballos, les indicó con la mano un enorme árbol para esconderse. Detrás del tronco, el anciano, jadeante, obligó a la muchacha a tumbarse sobre la tierra para intentar pasar desapercibidos.

Vevila no sabía de quién o quiénes huían, pero obedeció las instrucciones que recibía de su abuelo. Por eso no alzó la cabeza cuando escuchó aproximarse los cascos de varios caballos. El corazón le latía con fuerza. Casi a gatas, Ambón se reunió con ellos. Alzaba y bajaba constantemente la cabeza para cerciorarse de que estaban a salvo. Tras uno de esos movimientos, se llevó el dedo índice a la oreja. Los tenían cerca, podían oírlos, incluso. Se distinguían varias voces masculinas. Alguno soltó una carcajada.

–Romanos –murmuró Tirso, y buscó el asentimiento de Ambón, pero aquel no se dio por aludido.

Sin anunciarles sus intenciones, el forastero volvió a gatear, retrocedió y se perdió en la espesura del bosque. Le esperaron callados un buen rato. Su regreso los sorprendió, no solo porque estaban vigilando el camino por el que había pasado la partida, sino también por la forma de avisarlos: con dos pedradas. Interpretaron que el peligro no había cesado y se dirigieron, sigilosos, hasta el lugar donde les aguardaba con los caballos.

–¿Cuántos eran? –preguntó Vevila al montar de nuevo en el caballo.

–No he llegado a verlos. Quizás seis.

–Van a Eburia...

–No necesariamente –terció Tirso–. Al llegar a la vaguada, cuando se encuentren en Fuente de la Encina podrían desviarse hacia Barias.

–O dar media vuelta y venir detrás. Debemos darnos prisa –agregó Ambón.

Fue lo último que salió de sus labios. Ni siquiera abandonó su ensimismamiento cuando empezaron a percibir el olor a humo. Habían dejado atrás el abrevadero y enfilaban el tramo final del camino, el más sinuoso y en pendiente, que subía a la explanada donde se levantaba la casa.

Lejos de detenerse ante la impresión que les provocó lo que estaban viendo, Tirso obligó al caballo a apretar el paso. Conforme se acercaba al destino que le había señalado el jinete, el animal aminoró la marcha, primero, e intentó ir en otra dirección, después. Al fin, se quedó clavado. Tirso saltó al suelo y, olvidándose de la herida y del dolor, quiso correr hacia su casa. No lo consiguió. La pierna le falló y volvió a morder el barro. Tampoco habría logrado pisar su hogar. Las paredes, el tejado que él había levantado con sus manos, eran ahora pasto de las llamas.

17

Caura

Hacia el año 150 a. C.

Cada vez que se acercaba al fuego sentía un escozor en la mano, pero era inútil engañarse: apenas si quedaban secuelas de la quemadura. Sin embargo, en su ir y venir por la herrería, pegaba el codo al costado y el brazo al abdomen para reforzar el gesto compungido. Hacía tiempo, sin embargo, que a Sandro no le impresionaban las tretas que empleaba su hijo para eludir el trabajo en la fragua. Lo había mandado llamar varias veces. Primero, Bárbara lo buscó por toda la aldea sin dar con él. Dieron recado a Viriato, por si el niño estuviera con él, pero allí nada se sabía de él. Empezaron a temer, entonces, que de nuevo estuviera perdido en el monte. Hasta que una vecina dio pista de su paradero. Les habían visto ir juntos a la gruta que en otras épocas acogió algunos rituales. Aunque hacía tiempo que los sacrificios se realizaban en cuevas de mayor tamaño, la gente de Caura sentía pudor al darle otro uso que no fuera el litúrgico. Únicamente por causas de fuerza mayor, como resguardarse de una tormenta, huir de una fiera o del enemigo, podía considerarse justificado que alguien entrara allí. Que los niños convirtieran un lugar como aquel, cargado de tanto significado, en territorio propio era algo que no podía quedar sin castigo. Sobre todo si, como ocurría en el caso de Tirso y Altea, eso ya había sucedido otras veces.

En cuanto supo el paradero de los niños, Bárbara, temerosa de la ira de su marido, abandonó sus tareas y fue a buscarlos. Los encontró entretenidos con un trozo de madera. A diferencia de lo que Tirso sentía respecto al metal, si el material con el que había que trabajar procedía de un árbol, toda la antipatía se transformaba en mimo y talento. Pero para Sandro esta afición no era muestra de talento, sino de rebeldía. La combatía con desapego y severidad, y siempre tenía muy presente que cualquier muestra de cariño daría alas a la insolencia del hijo.

–Tu padre te está buscando...

No necesitó dar muchas más explicaciones. En el rostro de Bárbara Tirso vio la advertencia de lo que ocurriría si daba lugar a que Sandro asomara por allí. Entregó a Altea el caballito a medio terminar y salió corriendo. Antes de presentarse ante su progenitor, sacó del pozo dos calderos de agua. No se entretendría en inventar una excusa. Llegaría con el agua, como si volviera de cumplir un encargo. Sin esperar a recibir una orden, arrimó más leña al fuego y ordenó los utensilios que el herrero había ido dejando abandonados. Para que no quedara duda de su aplicación a la tarea, se esforzó en hacer ver a su padre que cumplía con sus obligaciones a pesar del intenso dolor que sentía por la quemadura y las magulladuras. De los cardenales que le habían dejado los golpes de Teodoro era preferible no decir nada.

Tanto empeño invirtió en su pose que, en contra de lo que él mismo esperaba, terminó por desatar la compasión de Sandro. Este abandonó el arreglo en el que estaba ocupado y tomó tres láminas de hierro. No las eligió muy grandes. Tirso creyó que las utilizaría en forjar un puñal o quizás un cuchillo. Se acercó por detrás y comprobó que el material, ahora al rojo vivo, podría dar para una falcata mediana, más o menos como la que le había robado Paulo.

Entrando y saliendo del fuego, la pieza iba adquiriendo forma. Aunque a Tirso le podía la curiosidad, no se atrevía a preguntar para evitar el bufido o, lo que era peor, la decepción de saber que la pieza no sería para él. La desazón crecía a la par que la hechura. La espada en la que trabajaba Sandro adquiría un aspecto distinto al que esta solía mostrar. Recordaba vagamente la de su padre, pero el yunque y la hoguera le iban proporcionando una apariencia más personal.

Estaba anocheciendo, de un momento a otro el herrero se refrescaría la cara y anunciaría que daba por concluida la faena, al menos por esa jornada. No pudo contenerse más:

–¿Es un encargo?

Socarrón, Sandro quiso templar la curiosidad de su hijo.

–Sí.

–¿De quién?

El herrero, que buscaba un poco de aire fresco en la ventana, alzó dos veces la barbilla para indicarle que estaban a punto de recibir una visita. Un instante después asomó un hombre que el niño reconoció sin dificultad. Su barba entrecana, el cabello descuidado y la gordura no le habían pasado desapercibidos. Aquel sujeto formaba parte del grupo que se había reunido esa mañana con Teodoro.

Abrió un saco y extrajo dos legones. Ceremonioso, se los entregó a Sandro para que los reparara. Tenía prisa en la entrega y tal vez por eso no discutió el precio. En la puerta se volvió:

–Vendrás mañana a la reunión del consejo...

Era un recordatorio, no una pregunta ni mucho menos una propuesta.

Por el tono y el gesto de gravedad, Tirso tuvo claro que se trataba de una advertencia. Su padre, en cambio, debió de escucharlo con cierta indiferencia y se limitó a encogerse de hombros.

–Se tratará un asunto muy importante –agregó, solemne.

Al niño, que mantenía la mirada fija en el cliente, le pasó por la cabeza anunciar la naturaleza de ese asunto, aunque nadie hubiera querido hacerle caso hasta entonces.

–Teodoro aprecia mucho tu trabajo, Sandro. Te paga bien, sin regatearte el precio que le pones a sus encargos. Sin duda, le gustará verte allí. Sabe que eres como él, un hombre cabal que quiere lo mejor para nuestro pueblo.

El discurso, que Sandro seguía con una expresión de incertidumbre, se interrumpió cuando el corpachón del barbudo avanzó hacia el interior del taller. Alguien pretendía entrar: era Viriato, que no intercambió ningún saludo con el individuo.

–Orestes me estaba convenciendo de que asistamos mañana a la reunión del consejo –dijo enfatizando el plural–. Dice que Teodoro tiene interés en que vayamos...

Había pronunciado intencionadamente el nombre del cojo. Y la reacción de su cuñado no se hizo esperar:

–¿Por qué tiene tanto interés tu amo en que vayamos a la asamblea? Te ha enviado él a que nos des su recado, supongo...

–Ni es mi amo, ni traigo recado alguno de su parte. Soy un hombre libre, Viriato.

El pastor sonrió con malicia.

–Libre... pero sin dejar de acatar las órdenes de quien te llena la barriga, Orestes.

–Como todo el mundo... –El barbudo se volvió hacia Sandro–. ¿Acaso no te esfuerzas tú, herrero, en cumplir los deseos de tus clientes? Trabajas para ellos, te pagan, es lógico que hagas su voluntad.

Viriato temió, conociendo la ingenuidad de su cuñado, que pudiera asentir. No le dio tiempo a que respondiera.

–No es lo mismo. Alejo, Orestes... el viejo Teodoro se rodea siempre de incondicionales dispuestos a defenderlo a cualquier precio.

–Alejo, Alejo..., ahora me explico tus reservas. Nunca habías tenido problemas con Teodoro, te confiaba su ganado y te pagaba las pieles que le vendías. Todo fue bien hasta que Alejo se cruzó en tu camino. O mejor, tú te cruzaste en el suyo sin tener en cuenta que cualquier padre busca lo mejor para su hija. Si yo tuviera que elegir un esposo para mi hija entre Alejo y tú, tomaría la decisión en un abrir y cerrar de ojos. No pretendas variar el cauce del río, Viriato. Sus aguas te arrastrarán. Parece mentira que no hayas aprendido nada del pasado...

Lo habría matado con su mirada. El pastor hizo el ademán de abalanzarse sobre él. Sandro se interpuso entre ellos. Tirso, asustado, dio varios pasos hacia atrás.

–El pasado... –repitió con furia Viriato–. El pasado es mi fuerza. No la desafíes, Orestes.

En lugar de amilanarse, el lacayo de Teodoro desplazó su corpachón hacia Viriato.

–¿Me vas a pegar? –preguntó con intención de provocarle–. ¿Te he ofendido? ¿He faltado a tu honor? ¿He nombrado, acaso, a tu padre? ¿He recordado, quizás, la causa que os hizo salir de aquí?

–Orestes... –intervino Sandro.

–Tú calla. ¿Vas a ser siempre su segundón? –El fámulo se había situado entre los cuñados–. No permitas que la fuerza de su pasado también te empuje a ti al abismo... Aquí todo el mundo te respeta, Sandro. Si al poner los ojos en una mujer tu cuñado ha vuelto a tropezar con la misma piedra, es su problema. Mantente al margen, tienes una familia que mantener...

–Sal de esta casa –le ordenó el herrero–. No vuelvas a dirigirnos la palabra jamás.

–Os equivocáis de nuevo. –Se apartó de Viriato y Sandro y fue hacia la puerta–. Quizás sea vuestro sino –dijo desde el umbral.

Viriato tiró de su cuñado, que hizo el ademán de abalanzarse sobre el criado de Teodoro. La voz de Tirso sonó entonces fuerte y firme, como la de un adulto:

–Espera. Se te olvida esto.

Le arrojó el saco a los pies. Mascullando entre dientes, Orestes se agachó con dificultad, recogió los azadones y se marchó.

18

El tejuelo

Hacia el año 115 a. C.

No llores más. Pasaremos la noche bajo este serbal, herido ahora por el fuego, que traje conmigo hace muchos inviernos. A la cabeza del grupo, cinco hombres curtidos por el dolor y la sangre. Algunos, incluso, acompañados de toda su prole. A mi espalda, envuelta en un enfaldo, venías tú, casi recién nacida, y en una bolsa, un tallo del tejo que mi padre arrancó de aquel más viejo que cobijaba la casa donde nació. Esa rama prendió en un lugar lejano, adonde llegaron después de que la envidia, la inquina y el resentimiento les obligaran a abandonar lo que fue suyo, a perderlo todo y empezar de nuevo. Por eso, muchacha, no llores. Antes de ti otras mujeres jóvenes sintieron también el mismo desconsuelo en noches ventosas y frías como esta. Lloró mi abuela, a causa de la infamia y la injusticia. También Bárbara, torturada por un loco sanguinario, antes de que su propia mano pusiera fin a tanto dolor. Debió de llorar tu madre, abandonada por los suyos, en el páramo solitario en el que te entregó su vida. Y tu padre, traicionado en su codicia.

Y tu abuela, mientras esperaba, confiada, el regreso del amante que nunca volvería a ver. Lloró mi padre en el campo donde quedaron esparcidos los cadáveres de tantos hombres buenos, sorprendidos en su buena fe por la crueldad del maligno y sus esbirros. Lloré yo, como lloras tú ahora, con el mismo desconsuelo, atormentado por la culpa, la madrugada que los traidores acabaron con Viriato. ¿Estuvo en mi mano impedir su muerte? Y, roto por el dolor, ¿no debí gritar y retorcerme de desesperación cuando toqué la piel de Sandro y estaba fría? Y más tarde frente a los ojos abiertos, el cuerpo rígido, de mi hijo... ¿Cómo no ahogarme en mi propio llanto? Tampoco, Vevila, dejes que se apodere de ti el remordimiento. Ante tanta muerte, ¿qué pude haber hecho y no hice? Nunca lo sabré. Serviría de poco. Ni siquiera para, como creen algunos, conjurar que no vuelva a ocurrir. Es imposible arrancar de raíz la avena de la desdicha para que sus semillas no germinen el próximo invierno. Sécate esas lágrimas, que no te consuma el dolor por lo que perdimos. Tener hoy es la consecuencia de haber carecido ayer, hija mía, y para que los campos se llenen de fruto antes deberá cruzar por ellos la helada. Vine con lo puesto, levanté esta casa, apañé huerto y establo. No era la primera vez que lo hacía. En el pasado, había vivido con la misma ilusión varias otras. Allí la guerra, aquí la injusticia, más allá los vientos, las aguas furiosas... Al día siguiente de que todo se hubiera desplomado ya alzaba muros, ya preparaba tejado. Aquí fuimos felices: aprendiste a correr, vino la mujer que eres, perdí la juventud y he saludado a la muerte. Abandonados por el forastero, hemos regresado al origen: solos, sin más ayuda que dos manos jóvenes, fuertes, y otras dos débiles. Por delante, el desasosiego, la incertidumbre. Los dos sabemos, sin embargo, que más pronto que tarde habrá otra casa y un huerto, un rebaño y un pozo. No debes llorar, Vevila. Tú, al menos, vivirás para contarlo.

* * *

De madrugada lo oyó llegar. Aunque los chaparrones de la noche y el viento habían reducido el incendio a unos cuantos restos humeantes, debió de asustarle lo que encontró y se alejó un poco. Sin llegar a verlo, Tirso siguió sus pasos. Cuando intuyó que había vuelto a detenerse, fue apartando la paja en la que habían buscado abrigo para pasar la noche después de que Ambón se marchara. Los había acompañado hasta uno de los almiares que no habían ardido en el incendio, y los había ayudado a apartar las tablas que protegían la paja de la lluvia, pero antes incluso de que abuelo y nieta hicieran un hueco para cobijarse, subió a su caballo y, sin despedirse siquiera, se marchó.

El viejo se llevó la mano a la cadera: ya no le dolía. La inflamación en el muslo también había cedido. Intentó doblar la rodilla y elevar la pierna, y lo consiguió, aunque con mucha dificultad. Alargó la mano buscando el cayado y se preparó para levantarse. Lo hizo poco a poco, procurando evitar que Vevila quedara al descubierto y terminara por despertarse. La sensación de mareo abortó el primer intento. Sintió náuseas. «Tengo hambre, llevo varios días sin apenas probar bocado», recordó. Tras un nuevo esfuerzo, se vio a sí mismo dando pequeños saltos sobre el heno. Su nieta seguía dormida.

Fue a su encuentro. Si la intuición no le fallaba, estaría escondido en la arboleda de la que parte el camino de bajada, preparado para huir si fuera necesario. Midió la frecuencia de cada avance, tanto por el dolor que le causaba el brinco como para no alarmarlo. Al fin, se encontraron frente a frente. Para disipar cualquier desconfianza, alargó la mano abierta.

–Ven, viejo amigo. No te asustes –le dijo con cariño.

Aunque al principio pareció que recelaba, el burro terminó por aceptar la invitación de su amo y se acercó a olisquearle los dedos.

–¿Estás cansado? –A Tirso le gustaba conversar con el asno como si de un humano se tratara–. Necesito que me lleves a un sitio...

La energía que empleó en los sucesivos intentos que necesitó hasta conseguir montar consumió sus exiguas fuerzas. La sensación de mareo estuvo a punto de devolverlo al suelo. Tomó aire varias veces antes de ponerse en marcha. Prefirió hacerlo apartado del camino. Aunque fuera tan viejo como él y también acusara el cansancio, el asno estaba acostumbrado a sortear, sin prisa y con astucia, el caprichoso relieve de la zona.

Los descubrió, cautelosos como él, cuando estaban a punto de abandonar la vaguada. Ambos habían añadido a la túnica una caperuza que, además de protegerles de la lluvia, evitaría que les reconocieran. La vista de Tirso, no obstante, había menguado considerablemente y no le permitía divisar desde lejos más que las figuras borrosas a caballo. Intuyó que los embozados debían de ser dos hombres. Como no buscaba la compañía de nadie, al llegar a la fuente de la encina detuvo su jumento para mantenerse alejado de ellos. El animal se entretuvo jugueteando con el agua, sin llegar a beberla. Y aunque esta vez no oyó su canto, mientras dejaba correr el tiempo junto al manantial, sintió cercano el revoloteo de una lechuza.

Cuando calculó que le llevaban suficiente ventaja, reanudó la marcha. «Es probable –pensó– que los otros vayan a Barias.» Su destino, en cambio, era otro. Durante un buen trecho contaba con la posibilidad de que coincidieran, sobre todo si quienes les llevaban delantera aminoraban el paso o se detenían. Para no correr riesgos, decidió marchar en zigzag. Salía y regresaba al camino, acortaba por repechos y quebradas, sin apremiar al pollino.

Al interior del bosque todavía no había llegado la luz del día. El frío traspasaba la capa raída que lo envolvía. Volvió a sentir el retortijón de tripas: seguía sin probar bocado, pero rápidamente desechó la llamada del hambre, porque ni había nada a su alcance para satisfacerla ni podía entretenerse en buscar algo. No podía hacer otra cosa que aguantar y confiar en que le darían algo para comer en el lugar al que se dirigía.

Unas voces le sacaron del sopor en el que le había sumido el apetito. Al oírlas creyó que al final había acabado por cruzarse con los otros dos, pero no tardó en comprobar que había más gente hablando. Esto lo desconcertó. Dudaba entre volver al camino y comprobar si la conversación se debía al encuentro de quienes le precedían con otro viajero o permanecer donde estaba, casi oculto, y esperar a que pasaran, como había hecho el día anterior con los romanos. Un golpe de viento le sacó de dudas. Pertenecieran a quienes pertenecieran esas voces, la reunión se celebraba monte abajo.

Guió al burro en esa dirección. Atravesaron la calzada y siguieron descendiendo. Un pequeño punto de luz se abrió pasó en la oscuridad. Lo tomó como referencia para orientarse. Cuando el punto de luz aumentó de tamaño, saltó al suelo y fue cojeando hasta su encuentro. Poco faltó para que le sorprendieran. Mientras luchaba contra el mareo y el dolor no advirtió que la vegetación de pronto había desaparecido. Inesperadamente encontró un pequeño claro ocupado en parte por las ruinas de lo que había sido una casa.

El lugar no le resultaba desconocido. En cuanto retrocedió y se refugió otra vez entre los matorrales, su memoria le devolvió una imagen de hacía mucho tiempo. Aunque apenas quedaban en pie dos muros, el tejo y la reducida explanada le ayudaron a recordar qué hubo y que pasó antes allí. Le sorprendió pensar que, después de llevar mucho tiempo sin acordarse de ese sitio y de quien allí vivía, el destino le hubiera hecho volver casi a ciegas y por casualidad a ese lugar.

Aplazó esa evocación, que le proporcionaba tanto placer como dolor, y se esforzó en seguir lo que discutían seis o siete hombres alrededor de una pequeña hoguera.

–Debemos esperar una señal –sugirió uno–. El oráculo

lo anunció. Y al amanecer no habrá cielo ni luz, el río del mundo se desbordará...

–Todos lo conocemos –interrumpió otro–, pero dudo que se refiera a un día en concreto. Lo importante es que no desaprovechemos la oportunidad que se nos brinda.

–Se lo hemos oído contar mil veces a nuestros mayores –agregó un tercero–. Para poder vencerles hay que actuar por sorpresa. Ahora es el momento. Cerraremos los pasos y caeremos sobre ellos por todos los lados. Lo único que tenemos que hacer es colocar el cebo.

Dos de ellos estaban en desacuerdo, aunque no distinguía quiénes eran:

–¡Es una locura! ¡Necesitamos más tiempo para asegurarnos de que el golpe sea certero! –gritó uno de ellos. A Tirso la voz le resultó familiar. Pertenecía a alguien de Eburia, seguro.

–¿Vamos a discutir de nuevo eso? –preguntó el que antes había defendido el ataque.

–¡Basta! –sentenció con firmeza uno que hasta ese momento había permanecido callado–. Hace tiempo tomamos una decisión, señalamos una fecha para llevarla a cabo... Si alguno quiere echarse atrás, es libre de hacerlo. Demos una última oportunidad a los indecisos: que levanten la mano quienes estén a favor de romper la alianza.

Aunque movió varias veces la cabeza, el viejo no consiguió ver la votación. Tardó poco, no obstante, en conocer el resultado:

–Parece, por tanto, que todos estamos de acuerdo. No veo la necesidad de que sigamos enzarzados en esta polémica. Atacaremos. Confiamos en seguir contando con la ayuda de la lluvia, pero si saliera el sol, diga lo que diga el oráculo, atacaremos. Y aunque algunos de los nuestros sientan vértigo en el último momento, atacaremos. A partir de ahí, solo podemos esperar la victoria... o la muerte. Será mejor que regresemos.

Evitaron retirarse en grupo. Casi todos se marcharon de uno en uno. Quedaron tres o cuatro rezagados. Uno de ellos salió poco después. No tuvo duda: los últimos en irse fueron los dos embozados que le habían precedido en el camino.

* * *

Por primera vez en muchos días pudo ver el sol. Su luz le despertó. Había preferido no moverse del escondite. Al contacto con el suelo y la vegetación terminó por sentirse mojado y con frío, como si en lugar de refugiarse en un hoyo lo hubiera hecho en el río. La humedad y la tiritera le hicieron amodorrarse hasta que el calor de los rayos solares en la cara le despabiló. Al recuperar la consciencia advirtió, no obstante, que la auténtica sensación de bienestar se la había proporcionado lo que había visto durante el sueño.

Esta vez le costó mucho más levantarse. Le pareció, incluso, que la pierna había vuelto a hincharse. Sin embargo, no estaba dispuesto a perder un solo instante en observar su decadencia. Apartó con el cayado los matorrales que le cerraban el paso y fue avanzando hacia el sitio donde se había celebrado la reunión aquella madrugada.

La estrecha vereda que conducía a la puerta de la casa estaba encharcada. Su intención no era seguirla. Tirso conocía otra ruta. La había seguido a hurtadillas las primeras veces. Venciendo su indecisión, se dejaba caer hasta el bancal que Sigilo, Biurtan y él mismo habían ganado al monte en los primeros tiempos de Eburia. Juntos habían roturado la tierra, preparado el huerto y levantado la casa. Ella eligió los árboles y las flores. Vivía sola, sin más compañía que la de sus animales.

El corazón se le salía la primera tarde que sus pasos le llevaron hasta allí. La idea le había cruzado como una flecha. En plena cacería, alzó la vista y contempló la casa. Una voz le dijo «Ve», y otra se lo prohibió. Pudo más la primera. Rodeó el desnivel y se acercó por la parte trasera. Estaba allí, ocupada en sus tareas, a veces canturreando, ajena a unos ojos que la observaban a distancia. Volvió más veces. Una tarde no la encontró. Aunque el huerto, las herramientas, los árboles, todo, tenía la apariencia de siempre no había ni rastro de la mujer y sus cantos. Pensó que tal vez estuviera enferma, que quizás necesitara ayuda. Con los mismos golpetazos en el pecho, rebasó el límite que él mismo había establecido. Fue de un lado para otro. No, no había nadie. Alarmado, la llamó:

–¡Nunn, Nunn...!

Apareció sonriente. Él le habló de Vevila y ella de sus sobrinas, las hijas de Sigilo. Al cabo de tres días, Tirso regresó con alguna excusa. Nunn le estaba esperando. Las visitas se hicieron más frecuentes hasta que no pudieron vivir el uno sin el otro.

Por un torpe pudor no lo contó así cuando Sigilo reclamó su presencia ante el consejo. Hacía tiempo que se había desentendido de los asuntos de Eburia. El emisario le informó de que la cuestión que se iba a tratar era importante y requería su presencia. El mismo Caciro, el adalid, lo mandaba llamar.

Cuando se detuvo en la casa de Sigilo para dejar a la niña solo encontró a las mujeres. Se mostraron reservadas, sin la familiaridad ni la alegría con las que siempre le habían recibido. Aunque hacía tiempo que no asistía a sus reuniones, el consejo le dispensó una fría acogida. Solo habían acudido los fundadores de Eburia y, en contra de la costumbre, ninguno se levantó a abrazarle. Por algún motivo que desconocía, los consejeros de menor edad estaban ausentes.

–Tirso, te hemos pedido que vinieras porque hay un asunto que...

El vozarrón de Sigilo se impuso al tono conciliador del adalid:

–Quiero que no te acerques más a mi hermana –exigió.

–No debes hablarme así, Sigilo –respondió Tirso sin alterarse.

–El consejo es testigo de mi advertencia: mantente alejado de Nunn.

–¿A qué viene ese enfado, Sigilo? Hemos peleado juntos, nos hemos salvado la vida el uno al otro más de una vez. Nunca nos peleamos. ¿Por qué te enfrentas a mí ahora en público por algo que pudimos haber hablado los dos a solas? Tampoco entiendo tu ira. Tu hermana está viuda, no se debe a nadie. Es libre.

–Está atada a la promesa que ella misma hizo cuando murió su esposo. ¿Te acuerdas? Juró que no conocería otro hombre y que dedicaría su vida a honrar a nuestros dioses. Estás profanando la memoria de los muertos, Tirso. Él también era tu amigo, luchó contigo. No lo olvides.

Caciro tomó otra vez la palabra.

–Sigilo tiene razón... Para ahogar su dolor, a la muerte de su hombre, Nunn eligió vivir como una doncella, alejada de nosotros y dedicada por completo a enaltecer la obra de los dioses. No mancilles las reglas que tú mismo estableciste...

La paciencia de Tirso se agotó:

–Castigamos con dureza a aquellos que arrebatan o faltan al respeto a la mujer de otro. Nunn está viuda, yo también. No somos dos púberes, sino un hombre y una mujer curtidos por los avatares. Dejadnos vivir según nuestros impulsos.

–¡No! –insistió, tajante, Sigilo–. Busca otra mujer joven, si quieres. Pídesela a su padre, sométete al permiso de su familia. Eres libre de hacerlo. Mi hermana, no. Respeta el compromiso que contrajo.

–¿Y si ella quisiera romperlo?

–Debería ser el consejo el que decidiera –respondió Caciro.

–Supongamos entonces que Nunn estuviera dispuesta a renunciar a apartarse de nosotros... –propuso Tirso.

–No hay nada que suponer, ya lo ha hecho –zanjó el presidente–. Y el consejo ha decidido entregarla como esposa a Kares.

Tirso buscó con la vista a Sigilo, que torció el rostro. Tampoco Caciro, ni Biurtan, ni mucho menos Kares le mantuvieron la mirada.

–Ahora que ya lo sabes todo, jura que no volverás a buscar a Nunn, que la respetarás y la considerarás como lo que es, la mujer de otro hombre –la voz de Caciro sonaba amenazante a su espalda–. De lo contrario, la ley caerá sobre ti.

A poco de alejarse de la plaza se encontró con Vevila. La niña sonrió, sin decir nada. Con su nieta de la mano, dio un paseo en silencio por Eburia antes de jurarse que jamás regresaría.

19

CAURA

Hacia el año 150 a. C.

Aunque intentaba disimularlo, no podía ocultar que estaba de malhumor. Durante toda la velada, se mantuvo al margen de las conversaciones. Seria, midiendo las palabras, iba de una ocupación a otra para matar el tiempo hasta retirarse a dormir. No se esforzó en sonreír al escuchar el chascarrillo que contó Sandro ni intentó retener a Viriato cuando anunció que se marcharía de nuevo después de la reunión del consejo. Ninguno de los dos quiso darse por aludido. El marido prefirió esperar a que se hubiera ido el hermano para averiguar la causa de ese repentino cambio de carácter. Este lo atribuyó a un disgusto pasajero. Poco antes de acostarse, sin razón aparente, Bárbara estalló:

–Me prometisteis que ignoraríais las provocaciones de Teodoro...

La falta de respuesta la encolerizó más:

–Os pedí que no os enfrentarais a él.

–Y no lo hemos hecho –aseguró Viriato.

Bárbara se situó ante ellos.

–¡No mientas! He escuchado la conversación con Orestes. Discutir con él es como haberlo hecho con Teodoro.

Al advertir que el tono de la voz de Bárbara subía, Tirso y Altea abandonaron el camastro para contemplar más de cerca la discusión.

–Vino a amenazarnos... –se justificó Sandro.

Viriato se levantó y se acercó a su hermana. Extendió el brazo para acariciarla.

–No ha pasado nada, Bárbara. Orestes es un infeliz que habla más de la cuenta –explicó conciliador.

–Casi llegáis a las manos... ¿Qué le habrá contado a Teodoro? Será la gota que colme el vaso.

–Teodoro odia a todos los forasteros –terció Sandro–. Desde que pusimos un pie en Caura está buscando excusas para obligarnos a que nos marchemos.

–¡Vaya novedad! Ya hemos hablado de eso mil veces –Bárbara se apartó de los hombres, había descubierto que los niños estaban levantados. Cogió a cada uno de la mano y los devolvió al jergón–. Dijimos que seríamos más astutos que él, que evitaríamos los roces con su gente –siguió recordando desde el fondo de la casa–, y... ¡os ponéis a discutir con Orestes, que sería capaz de matar por su amo! Eso por no sacar a relucir otras cosas.

–¿Quieres reprocharme algo, Bárbara? –Ahora era Viriato el que mostraba su enfado.

–No. O ¿por qué no? ¿No había en Caura otra mujer en la que fijarse? ¿Tenía que ser Helena?

–Eso no te importa –replicó el pastor.

–¿Cómo que no? ¿Crees que vas a conseguir que Teodoro cambie de opinión y te abrace como a un hijo? ¿Y qué pasará cuando crea que has llegado demasiado lejos? Ya has tenido la primera advertencia: nadie ha querido comprarte las pieles. ¿Quieres que te diga qué será lo siguiente? Pues obligará a la gente a que deje de hablarnos, nadie te confiará su ganado ni tampoco aparecerán por la fragua. Y antes de morirnos de hambre, tendremos que buscarnos otro sitio donde vivir... La historia te resulta familiar, ¿verdad?

–Exageras –se limitó a responder Viriato, que, incómodo, no tenía interés en prolongar la discusión.

–Sabes bien que no miento, pero si tienes alguna duda es fácil aclararla. A ver, ¿qué éramos y qué somos? ¿Lo has olvidado? Yo no...

Viriato se levantó como una exhalación con intenciones de marcharse.

–Prefiero creer que nunca pronunciaste esa frase, hermana –dijo, y se dio media vuelta.

–¿Por qué? –insistió ella–. ¿Eres tan egoísta que vuelves a anteponer tus impulsos a la felicidad de los demás? Te perdonamos una vez... Lo hizo padre y lo hicimos todos, pero no tientes de nuevo la suerte. Ese hombre, Teodoro, es un resentido que piensa que los forasteros arruinaremos Caura; solo nos acepta si puede hacerse más rico a nuestra costa y en cuanto tenga una oportunidad hará que nos expulsen. ¿Merece la pena arriesgar tanto? Es natural que busques una mujer. Y si es guapa y joven, mejor. Pero... ¿tiene que ser Helena? Todo el mundo dice que su padre quiere casarla con Alejo. ¿Para qué complicarte la vida, entonces?

Sandro rompió su silencio:

–Hablas como Orestes.

–Sois un par de estúpidos. –Bárbara volvió hacia el camastro. Antes de acostarse gritó–: ¡No quiero tener que ir de nuevo de un lado para otro! Acuérdate, hermano, de quién eres y de dónde vienes.

Durante un buen rato nadie dijo nada. Viriato salió de la casa. La lluvia le obligó a regresar pronto. Todavía estaban despiertos cuando lo oyeron llegar. No esperó a entrar. Desde la misma puerta anunció:

–Mañana, después de la reunión del consejo, me marcharé. No pienso volver nunca.

20

Hacia el año 115 a. C.

Estaba enojado consigo mismo. Tanto como el día que salió de Eburia, y como los que vinieron después, y como los que siguieron a esos. Un día tras otro, el mal genio se convirtió en su forma natural de ser, la única con la que podía conjurar el recuerdo de Nunn. Jamás volvió a permitirse la debilidad de una sonrisa ni buscó la cualidad de lo divertido en lo imprevisto. Conforme Vevila y el serbal crecieron, abuelo y nieta se fueron separando del mundo hasta que la niebla espesa del olvido cayó sobre el pasado.

Volver al lugar donde fue feliz había despertado su malhumor. Admitir que lo borró de su memoria hasta el punto de haber regresado por casualidad, acrecentaba su ira. El tiempo le había enseñado que era inútil rebelarse contra el pasado, pero la rabia aumentaba a medida que la casa de Nunn quedaba atrás. Obsesionado con esa idea, desistió de tomar atajos para llegar a su destino sin ser visto. Con cada balanceo, sus pies apremiaban al burro a acortar distancias.

A la caída del sol alcanzó el foso que rodeaba el campamento romano. Conocía bien ese lugar. Siempre que estaban de campaña o, simplemente, cuando querían hacerse ver por la zona, las legiones romanas solían acampar allí. Tirso se preguntó si esta vez sería lo uno o lo otro. Se había esforzado en llegar antes de que oscureciera y encontrara cerrada la *porta decumana*. No fue fácil que le franquearan el paso. Tras una larga espera y un no menos largo interrogatorio, dos soldados cubiertos por cascos coronados con cabezas de lobos disecadas le abrieron la puerta. Otra pareja de soldados, esta vez vestidos con petos de metal, casco y grebas, lo condujo al interior. A lo largo de la recta vía que atravesaba el campamento romano, Tirso pudo contemplar los cientos de tiendas perfectamente alineadas y ordenadas. El campamento bullía en actividad. A su paso, los hombres le dedicaban una mirada fugaz antes de volver a sus quehaceres.

Finalmente llegaron al cruce de las dos principales calles del campamento. A lo largo de la que cruzaba aquella por la que había llegado se alzaban tiendas aisladas que debían de pertenecer a los oficiales del ejército. Tras ella, en un espacio bien delimitado por una valla de madera, se erguía el *praetorium*, la tienda del pretor y general. Ante ella brillaba el emblema de la legión, un águila de plata con las alas desplegadas.

Los soldados que lo escoltaban intercambiaron unas palabras con los guardias y uno de estos pasó al interior.

De la tienda salió el cuestor, mano derecha del gobernador. El romano escuchó sus argumentos con escepticismo. La dificultad que suponía explicarse en una lengua que hacía tiempo que no utilizaba le impedía ser más convincente. Cuando comprobó que la paciencia del oficial empezaba a agotarse, se desprendió de una pequeña bolsa de cuero que colgaba de su cuello. Se la entregó sin abrirla.

El cuestor la abrió y observó detenidamente su contenido sin extraerlo.

–Espera por aquí –le ordenó–, te llamaré cuando haya alguna novedad.

Uno de los soldados que lo custodiaban y que lo había visto cojear mientras se dirigían hacia el *praetorium* trajo un pequeño taburete para que se sentara. Tirso eligió la parte trasera del puesto de mando, frente a la tienda de los seis lictores y otra gran explanada donde se encontraba la caballería romana. Desde allí se concentró en el ajetreo del campamento, menos intenso que el que recordaba de la última vez que estuvo en ese lugar, hacía ya mucho tiempo. Con lo que parecía un potro de madera, unos se entrenaban en montar y desmontar lo más rápido posible, otros cuidaban de los caballos mientras el grueso de la tropa procuraba mantener su equipo limpio y a punto. El viento que hacía ondear la tienda color rojo sangre era frío, anunciaba lluvia. La voz de un lictor lo sobresaltó:

–Quiere verte –le anunció.

Conocía perfectamente el camino. Los soldados ajustaron el paso para que el viejo pudiera seguirles. Le llamó la atención el desorden de la estancia y la falta de luz. Los volúmenes se amontonaban sobre una mesa e incluso alcanzaban a la *sella castrensis*. También su aspecto acusaba cierto abandono y, sobre todo, los signos de la vejez.

–Cuánto tiempo, Tirso...

–Salve, pretor Modio.

–No esperaba que volviéramos a vernos.

–Así debería haber sido –se apresuró a responder Tirso.

Modio le tendió la bolsa que había entregado al cuestor. El visitante hizo un amago de rechazarla pero finalmente la tomó.

–Creo que no tendré que volver a utilizar ese salvoconducto –se excusó–, aunque nunca se sabe...

–Sí, es preferible que lo conserves. Vivimos tiempos difíciles, Tirso.

–¿Por qué habéis quemado mi casa? Fueron tus hombres, yo mismo me crucé con ellos poco después en el camino. Lo he perdido todo.

Modio hizo un gesto de extrañeza y miró al lictor que le escoltaba. Este negó con la cabeza y salió.

–¿Qué te ocurre en la pierna? Me ha parecido ver que cojeabas.

–Tuve un percance. La herida se ha infectado.

–Estamos viejos, Tirso. Caminas con dificultad, te has quedado sin casa...

–No soy el único, Modio. Tú...

No llegó a terminar la frase. El pretor retiró los volúmenes que había sobre la silla y se acomodó en ella.

–También estoy cansado. He invertido más de la mitad de mis días en ir de un lado para otro. Vine con Galba como uno de sus jóvenes tribunos, luego fui cuestor y en más de una ocasión Roma me ha enviado como gobernador. Por fin creo que ha llegado la hora del regreso. Me marcho. Esperamos a un nuevo pretor. Traerá nuevas energías. Quiero dejarle las cosas en orden...

–Y a tu tropa, la bolsa bien llena. La gente se queja de tu codicia.

El romano esbozó una sonrisa maliciosa.

–Has recuperado el contacto con los tuyos... Me alegro por ti. La vejez se sobrelleva mejor en compañía. La última vez que hablé contigo te habías convertido en un ermitaño. Ahora, incluso, estás al corriente de las maledicencias.

–Dicen que habéis aumentado los tributos, que castigas a los que no pagan o se retrasan en el pago.

–Dicen, dicen... Yo también oigo habladurías, Tirso. No les concedo mucho crédito, pero llegan hasta mis oídos. Que hay quien insulta y quien ataca, que hay quien no quiere pagar, que nos ven como enemigos. No he tenido más remedio que traer aquí a mis legionarios para ver si su mera presencia calma los ánimos.

–Todos pueden llevar algo de razón, Modio.

–Estamos volviendo a hacer las cosas mal. Tú y yo supimos entender que un río de sangre siembra la destrucción por donde pasa. Organizamos de otro modo la convivencia...

–No tuvimos elección, Modio. Sabes bien que nos vimos atados por lazos muy fuertes.

–¿Cómo está?

–Ya es una mujer. Hace preguntas. Ha crecido como convinimos, a salvo de todo. Hasta que ayer tus hombres incendiaron mi casa.

El pretor hizo como si no hubiera oído la última frase.

–¿A quién se parece?

–Puede que su madre le transmitiera alguno de tus rasgos. Solo sé que es terca y hermosa como su padre. Modio –Tirso imprimió más energía a su voz–, no has cumplido tu palabra. Prometimos que cada cual manejaría a los suyos para que nuestra nieta pudiera crecer a salvo...

–¿Has cumplido tú, Tirso? Vinieron contigo, los trajiste a estas tierras, te siguieron como corderos pero están afilando sus colmillos de lobo. Por culpa de tanto fanatismo vimos morir a nuestros hijos, y por eso juramos que, para proteger a la niña, evitaríamos volver a utilizar la fuerza. ¿Y fuiste fiel a ese juramento? No: abandonaste a los tuyos al primer contratiempo. Te desentendiste de ellos.

–Lo hice por ella, por la niña. Hemos vivido felices alejados de todo. Si hubiera estado en mi mano evitarlo, no habríamos salido de allí jamás.

Modio continuó:

–Excusas. El problema es que al pastor se le ha desbandado el rebaño. Y como el pastor se había quedado dormido, no se dio cuenta de que no estaba cuidando ganado, sino una manada de lobos. ¿De quién es la culpa, entonces? ¿De los ciervos, de los gamos, de la liebre...? Esperaré a que las fieras caigan en la trampa para desollarlas y vender su piel. No estoy dispuesto a tener que oír los reproches de mi sucesor. Tengo la conciencia tranquila.

–¿Tanto como para quemar la casa donde vive tu nieta?

–Mis hombres de confianza saben adónde no deben acercarse. Ignoro qué ha podido pasar, lo averiguaré. Pero sí sé lo que algunos se traen entre manos. Y te lo advierto, no lo consentiré. Ya te lo he dicho: cuando llegue el nuevo pretor quiero que lo encuentre todo en orden... Cueste lo que cueste. Si todavía te queda alguna autoridad entre los tuyos, empléala. Es parte del trato que hicimos.

–Modio..., llévatela. Llévate a tu nieta contigo.

–Deja las cosas como están, Tirso. Ahora, vete. No es prudente que un viejo atraviese la sierra solo en pleno invierno. Ella todavía te necesita.

El cuestor entró en la estancia, se acercó a Modio y le dijo algo en voz baja. Tirso se encaminó hacia la salida. No tenía intención de despedirse.

–Tirso, espera –pidió el romano–. Debes saber esto: ningún soldado a mis órdenes ha quemado tu casa. Puedo jurarlo si quieres. Yo he cumplido mi palabra. Haz tú lo mismo.

21
Caura
Hacia 150 a. C.

Entre tanto abucheo costaba oír con claridad a Darío. Había empezado a hablar después del largo silencio que siguió a la explicación de Teodoro. Algunos, incluso, no habían esperado a que Césaro diera por terminada la reunión del consejo y proclamara solemnemente el acuerdo adoptado: corrieron a llevar la noticia a todos los rincones de Caura. Ni el adalid ni el cojo se demoraron en largos discursos. El primero recordó que habían aceptado el ofrecimiento de Teodoro de pedir al pretor Galba que aplazara el pago de los tributos, dada la dureza de la sequía que estaban padeciendo. Arrancar esa concesión no había sido fácil, según Teodoro. El pretor estaba convencido de que, aunque hubieran mermado los frutos, todavía se podía conseguir más rendimiento a las tierras. Pero el comisionado recordó entonces que después de que los pueblos del norte arrasaran las cosechas, habían llegado la hambruna y la desesperación en la que muchos vivían. Y Galba, que, pese a su apariencia, era un hombre de buen fondo, se había conmovido ante el penoso relato. Dijo Teodoro que el romano se había pasado varias veces la mano por la frente y mirado al cielo, como esperando que desde allí le llegara iluminación, y que esta no tardó en presentarse. El pretor no solo estaba dispuesto a aceptar el aplazamiento que le pedían: anunció también que en el futuro los defendería frente a las hordas que los atacaran. Si todo esto no colmaba ya, y con creces, las peticiones que había planteado, Teodoro le había arrancado una concesión más: Roma repartiría tierras a todos aquellos que acudieran a la gran llanura situada al sur de Caura y, como gesto de buena fe, entregaran sus armas.

A partir de ahí, el griterío ahogó las voces de Césaro y Teodoro. El primero pedía una y otra vez silencio, mientras el segundo se veía obligado a repetir que la convocatoria sería al amanecer del segundo día a partir de aquel, que habría más tierras para las familias más numerosas, que debían llevar cualquier tipo de arma, grande o pequeña, que tuvieran.

Desconcertado, Viriato observaba la escena. Sandro, en cambio, se contagió enseguida del entusiasmo general. Abrazó a unos, hizo gestos victoriosos a otros, levantó varias veces a su hijo, mandó llamar a su mujer. Por eso, cuando Darío pidió la palabra e inició su parlamento, fue de los primeros en dirigirle sus silbidos.

Al hijo de Césaro no parecían importarle mucho las protestas. Como intuyó que no le permitirían llegar muy lejos en sus razonamientos, lanzó una pregunta para acallar al menos a una parte del auditorio que se había escandalizado al escucharle.

–Dime, Teodoro, ¿qué garantías tenemos de que el pretor cumplirá su palabra?

Enfrascado en los parabienes que le brindaban sus paisanos, el cojo recibió la pregunta como una pedrada. Se volvió hacia el muchacho con gesto agrio, lanzó una mirada desafiante a Césaro y dejó que el silencio azuzara las protestas.

El contragolpe desconcertó al interpelante, sobre quien pronto cayó un chaparrón de insultos. Alguno salió de la boca de Sandro. Tirso tenía los nervios a flor de piel. Al escucharlo, tiró varias veces del brazo de su padre, pero solo recibió un pescozón por respuesta. No era el momento de dar explicaciones, nadie querría atenderlas. La voz de Viriato le tranquilizó.

–Darío te ha hecho una pregunta, Teodoro. Debes responderle –gritó.

La alarma se adueñó del rostro de Sandro.

–Viriato... –murmuró.

Su cuñado aprovechó el silencio que había provocado su inesperada intervención.

–Darío, repite la pregunta –pidió con ironía–. Teodoro no ha debido de oírte.

El joven aceptó el envite.

–¿Qué garantía te ha ofrecido Galba de que cumplirá su ofrecimiento en los términos que nos has indicado?

El cojo enrojeció de ira.

–¡Es absurdo! Para empezar, Viriato no debería intervenir en las discusiones del consejo. Es forastero.

–Aunque lo que dices es cierto, Teodoro, en justicia hace tiempo que dimos a su familia un sitio entre las nuestras –razonó Césaro–. Pero la cuestión que nos ocupa es otra.

La oleada de pitidos cruzó de nuevo la cabaña del consejo y se extendió por la plaza. Consciente de que tenía el viento a su favor, Teodoro se creció:

–¡Es absurdo! Si quieres garantías, ve tú a pedirlas, Césaro. He puesto en peligro mi propia vida para cumplir el encargo que me hicisteis.

El adalid intentó salir del embrollo en el que lo había metido su hijo.

–Nadie escatima elogios a tu esfuerzo, Teodoro, pero la semilla de la duda arruina en una noche la mejor cosecha. Por eso te he pedido que respondas, en la medida de tus posibilidades, a la pregunta que te ha formulado Darío. Que nadie pueda decir luego que de aquí salió engañado porque se habló con medias palabras.

–Prefiero que hables tú, Césaro. –El negociador pasaba a la ofensiva–. Como adalid nuestro que eres, pronúnciate. ¿También desconfías de las intenciones del pretor? ¿Tienes tú alguna idea mejor para sacarnos del hambre?

–Yo sí –respondió Viriato. Las murmuraciones volvieron–. Que nos dejen ser como fuimos, vivir en paz, y cuando nos ataquen, defendernos. La arrogancia de los romanos ha hecho imposible lo uno y lo otro. Mientras nos exprimen con sus impuestos, azuzan a nuestros vecinos contra nosotros.

–Razón de más, pastor, para que busquemos la forma de congraciarnos con ellos –replicó Teodoro.

–Supongamos que todo sea como tú dices –concedió Darío–. ¿A cambio de qué? ¿Qué precio ha puesto Galba a su ofrecimiento?

–Que yo sepa, ninguno. Es solo un gesto de buena voluntad por ambas partes: armas a cambio de tierra.

–¿Y nada más? –insistió el adalid.

–Nada más.

Entre muecas, Darío subrayó la pregunta de su padre:

–Pero.... ¿te dijo expresamente que no piensa pedirnos nada más?

Entre los asistentes crecieron las protestas:

–¡Basta ya! –gritó un hombre. Tirso lo identificó entre los asistentes a la reunión del día anterior en casa de Teodoro.

–Césaro, ¡haz callar a tu hijo! –pidió otro de los participantes en el cónclave.

Pero hubo una protesta especialmente dolorosa para Viriato:

–¡Estamos perdiendo el tiempo! Quien no quiera ir, que no vaya... Cada cual manda en su hambre.

Era la voz de Sandro. Su cuñado se volvió y lo miró con incredulidad. El niño volvió a tirar del brazo de su padre.

–¡Silencio! –ordenó el adalid–. Teodoro ha hecho lo que ha podido. Yo, en nombre del consejo y de las gentes de Caura, se lo agradezco. A partir de ahí que cada cual obre según su criterio. Los que con sus explicaciones se den por satisfechos, que acudan sin desconfianza. Los que no, que se queden. Pero a unos y a otros les advierto que después no admitiré lamentaciones.

–¡Es una locura, padre! –se quejó Darío.

–No tengo nada más que decir...

Teodoro intentó disimular su alegría. Algunos de sus incondicionales se acercaron para felicitarlo. Césaro evitó la mirada de su hijo. La cabaña del consejo empezó a vaciarse. Viriato se quedó entre los últimos, para no coincidir con su cuñado.

22
EBURIA
Hacia el año 115 a. C.

Se había hecho muy tarde. Únicamente al abandonar el campamento romano tuvo conciencia de lo avanzada que estaba la noche. Pensó en Vevila, en la zozobra que habría sentido al despertar y verse sola junto a las ruinas humeantes; en los peligros que la acechaban si, como le había asegurado Modio, una banda de forajidos merodeaba por la zona. Llegó sin contratiempos al lugar donde había dejado el burro e inició el regreso. Aunque el hambre ya le resultaba casi tan insoportable como el dolor de la pierna, prefirió no entretenerse buscando algo para comer. Su edad, su aspecto ajado y su cojera fácilmente habrían inspirado compasión a los soldados, pero debía apretar el paso para llegar junto a su nieta cuanto antes.

No había estrellas y, a falta de otras referencias para orientarse, durante un buen rato dejó que el viento le guiara. A medida que avanzaba por el camino sinuoso que partía de la fortaleza romana, las rachas de aire frío rompían contra su espalda como si, empujándole, unas manos invisibles guiaran sus pasos.

Sabía que esa era una buena señal. Desde la primera vez que puso un pie en aquella tierra había seguido la dirección del viento para llegar al angosto valle sobre el que se asienta Eburia. Habían coronado la sierra entre dos luces. Bajo sus pies, y a poca distancia del lugar donde los romanos habían levantado su campamento, se abría una tupida alfombra verde. Todos estuvieron de acuerdo en que aquella masa boscosa les proporcionaría un buen escondite para ponerse a salvo de la horda que les perseguiría. Como le había ocurrido a Tirso esa noche, nada más iniciar el descenso la noche se tornó cerrada.

Apenas conseguían verse unos a otros. Inquieto por la oscuridad, Caciro protestó. No lo hizo de manera ostensible, se limitó a murmurar una serie de palabras incomprensibles. Aunque la mayoría guardaba silencio, era evidente que compartían sus reservas. Nadie, sin embargo, tomaba la iniciativa de proponer una parada para comprobar que todos estaban de acuerdo con seguir esa ruta. Tirso creía que debían aprovechar las facilidades que les daba la noche sin luna para alcanzar el corazón de la espesura y, una vez allí, esconderse en cualquier lugar seguro, incluso en las copas de los árboles, si no hallaban una alternativa mejor. Tenía cierto reparo, no obstante, a imponer a los demás ese criterio. Durante el largo tiempo que llevaban juntos, desde que al faltar Viriato las sucesivas pugnas con otros clanes les obligaron a desplazarse hacia el sur, todas las decisiones importantes las habían tomado de mutuo acuerdo porque, en parte por respeto hacia el caudillo asesinado, en parte por la estrecha amistad que mantenían, nadie quiso aceptar la responsabilidad de asumir el liderazgo.

Al fin, Caciro se atrevió a manifestar en voz alta su desazón:

–¡Nos hemos perdido! Debemos pararnos y buscar alguna orientación...

El viento se llevó sus palabras sin que ninguno de ellos hiciera un mínimo gesto para responderlas. Habían recibido la consigna de no detenerse hasta alcanzar el río. Eso, al menos, había dicho Tirso cuando se presentó con la niña envuelta en una manta. Fue Sehijar el único que habló:

–Pero... nos darán alcance enseguida. En este momento ya deben de estar buscándonos.

–Los romanos nos cubrirán hasta que amanezca. Modio ha ordenado a sus hombres que detengan a todo grupo de más de tres personas que les salga al encuentro.

–¿Cómo lo sabes? –preguntó Caciro.

–Ahora no es el momento de entretenernos en eso. Debemos actuar como le han indicado a Tirso.

–Y la niña... ¿Quién es? ¿De dónde la ha sacado? –preguntó–. Si la trae, nos demoraremos...

–Es mi nieta –respondió Tirso con brusquedad, para dejar claro a Caciro que le incomodaban sus preguntas.

–¿Por qué iban a darnos cobertura los romanos? Puede ser una trampa –observó Sehijar.

–Modio en persona me lo ha confirmado –le respondió Tirso sin abandonar el mismo tono seco–. Sé que no miente.

–Tenemos mucho camino por delante. Vamos... –recomendó Sigilo con firmeza.

Todos le obedecieron. Acostumbrados a la sequedad de la tierra llana, no pudieron sino ilusionarse al descubrir el abrupto paisaje verde que hallaron tras atravesar la explanada que coronaba una de las cimas de la sierra. Después vino la noche, el temor de Caciro y, más tarde, el llanto de la niña. Llevándola a la espalda no resultaba fácil consolarla. Intentó recordar qué había hecho para salir de un apuro semejante cuando su hijo tenía esa misma edad y se estremeció al pensar que apenas guardaba un recuerdo de él recién nacido. En las imágenes más antiguas que conservaba en su mente aparecía ya casi convertido en un hombre, discutiendo acaloradamente, rechazando el castigo, poniendo en duda cualquier autoridad. De esas, saltó rápidamente a otra escena, la casa en llamas, los ojos abiertos, el corte profundo en el cuello, el gran charco de sangre. «Todo lo que te han hecho, hijo mío, ha sido por mi culpa», había musitado antes de jurar que vengaría su muerte. Modio le contó que un poco más lejos, malherida, habían encontrado a ella y a la niña, sana y salva bajo el cuerpo de su madre.

–Llévatela –le dijo–. No debió haber nacido. Su padre pagó con creces tus errores, los míos y hasta su propia osadía. La madre vivirá, aunque sea con el dolor de creer que fue la única de los tres que se salvó. De aquí en adelante, lo que pueda ocurrirle a la criatura es cosa tuya. Reúne a los tuyos y ve al otro lado de las sierras, en Itaxus no hay sitio para vosotros. Aprendiendo del pasado, empezad una nueva vida allí. Te doy mi palabra de que si no molestáis, no seréis molestados.

Desde lejos vieron las llamas: el pretor, presa de la rabia y la ira, había desatado su furia. Itaxus ardía por los cuatro costados. Todos callaron. Solo Kares se atrevió a decir en voz alta lo que pensaba:

–Nos echarán la culpa.

–Algo hemos tenido que ver –admitió Tirso–. Vamos.

Y empezaron a andar. Pero a Caciro le incomodaba la oscuridad y al cabo de un buen trecho propuso detenerse para buscar una orientación. Emplearon el tiempo justo que tardó Tirso en sacar a la niña del capacho que se había atado a la espalda y tomarla entre sus brazos. Empezó a notar la fuerza del aire frío en el lugar que había ocupado en el dorso el cesto. Como si de unas manos se tratase, una fuerza le empujaba y marcaba la dirección que debía seguir.

Viniera de donde viniera, ese impulso que consiguió llevarle a lugar seguro una vez, le llevaría esta madrugada con Vevila. Era muy tarde, no había luna pero no debía preocuparse.

Tan seguro estaba de que ningún contratiempo le iba a detener, que no miró atrás. De haberlo hecho, habría descubierto que alguien le estaba siguiendo desde que abandonó el campamento romano.

23
Caura
Hacia el año 150 a. C.

Que la dejara en paz. Altea quería estar sola en el escondite. Tardarían más en darse cuenta de su ausencia. La había buscado después de la reunión del consejo por toda Caura. Nadie la había visto. Le costaba creer que el único lugar donde podría encontrarla fuera la cueva, porque hasta esa tarde siempre habían ido juntos. No tenía sentido que se hubiera marchado a jugar sola, sin él, mucho menos con otros niños. Aquel lugar les pertenecía a los dos: lo habían descubierto ellos solos, allí estaban las cosas que ambos habían llevado y, por supuesto, nadie sería capaz de entender lo que para los primos significaba escapar del mundo a través de esa cavidad.

Altea debía de estar enfadada con Tirso. Solo así se explicaba que no le hubiera dicho nada o que no respondiera a su silbido, como tenían convenido, antes de entrar. La encontró jugando con el caballo de madera que el niño había dejado a medio terminar y, como único recibimiento, le espetó:

–¡Vete!

Necesitó un buen rato para comprender que el malhumor de la niña no tenía nada que ver con él. La razón era otra:

–Ya lo escuchaste anoche: mi padre quiere marcharse hoy cuando termine la reunión del consejo.

Por la memoria de Tirso cruzó la última mirada que se habían dirigido Sandro y Viriato antes de que aquel abandonara la cabaña del consejo.

Altea se había llevado consigo el zurrón, la honda y el cayado del pastor.

–Puede que se vaya sin mí, pero no irá muy lejos sin sus cosas –explicó satisfecha.

Su prima no estaba dispuesta a ceder: no quería salir de su refugio, ni mucho menos que él la acompañara. Le hizo jurar, además, que no diría nada sobre su paradero hasta que anocheciera para conseguir así que Viriato desistiera de su propósito. Y a partir de ahí empezó a gritar con todas sus fuerzas hasta que logró que Tirso se encaminara hacia la salida.

Una vez fuera, el chico trepó roca arriba gateando y buscó una piedra para sentarse y esperar a que ella cambiara de idea. Estaría vigilando desde arriba; así, si ella se asomaba, pensaría que seguía sola.

Con los últimos rayos de sol, observó el paso torpe, su andar cansado. Le acompañaba Orestes, pero se despidieron al pie del monte. Enseguida comprendió qué pasaba. Para que no lo descubriera el criado, que se había quedado clavado como una estatua en el lugar donde lo abandonó su amo, fue saltando de peña en peña hasta colarse en la arboleda. Desde allí, corrió a un lugar que conocía. Esta vez no se perdería.

No consiguió alcanzarlo. Siguió sus pisadas hasta que el otro llegó al claro del bosque donde ya los romanos aguardaban en formación. La distancia, el sigilo con el que caminaba, el ruido del viento, le impidieron distinguir los primeros momentos de la conversación. Fue arrastrándose entre la maleza hasta que pudo entender con claridad lo que hablaban.

–...Todo el mundo considera que su ofrecimiento es generoso. Incluso están preparándose ya para ir al sitio que me indicó...

–¿Estás seguro, Teodoro? ¿No me mientes?

–No, cuestor Mario. Hasta yo mismo acudiría si pudiera...

–Nos haces más falta en Caura, Teodoro.

–Lo sé, cuestor –de tan zalamera, la voz del cojo sonaba ridícula–. Por eso me sacrifico.

–Teodoro, sigo teniendo la impresión de que me ocultas algo...

–¿Yo...? –balbuceó–. Sería incapaz, cuestor Mario.

Aunque no pudo ver de qué se trataba, intuyó que un objeto había caído en el suelo: quizás alguno de los romanos o el propio Teodoro lo habían arrojado.

–¡Agárralo! –ordenó con firmeza Mario–. ¿Sabes qué es?

Teodoro calló.

–¡Míralo bien! ¿Lo reconoces? –insistió el cuestor.

–Sí... –balbuceó–. Es una falcata. Está a medio hacer.

–Tiene un sello, ¿lo ves?

–Sí, conozco al herrero. A veces trabaja para mí.

–Un desgraciado intentó atacarnos y la perdió. ¿Te das cuenta de que todavía queda entre vosotros gente que nos considera enemigos?

–Hablaré con el herrero. Aunque el sello sea el de mi familia, está inacabada; encontraremos al ladrón y tendrá su merecido... –anunció.

–Quiero ver las pruebas de ese castigo, Teodoro. Si tengo la más mínima sospecha de que el crimen ha quedado impune, me ocuparé personalmente de cada uno de los miembros del consejo de Caura. Incluido tú, por supuesto.

–No será necesario que os molestéis, cuestor. Decídselo a Galba; mantendremos lo cumplido cueste lo que cueste.

El caballo del romano se agitó. Tirso pensó que estaban a punto de reiniciar la marcha.

–Queda poco para la cita. Hablaremos después, pero si van pocos o descubro intenciones aviesas en los que acudan, te ajustaré las cuentas, Teodoro. Respondes con tu vida, con la tuya y la de tu familia. ¡Recuérdalo!

Los caballos se alejaron. Tirso se puso en pie. Estaba más cerca de lo que pensaba de Teodoro. Vio su rostro descompuesto. El nerviosismo le hacía mover a un lado y otro la mano derecha con la que blandía la falcata que Paulo había robado de la fragua de su padre.

24
Cerca del tejuelo
Hacia el año 115 a. C.

El golpe le hizo caer. Hacía un rato que luchaba contra el sueño. Mecido por la marcha renqueante del burro, a cada paso Tirso cerraba los ojos. Al cabo de unos instantes, cuando el cuerpo se desplazaba ya peligrosamente a derecha o izquierda, adelante o atrás, abría los ojos como si le faltara vida. Para mantenerse despierto probó a beber agua del pellejo que le había llenado un soldado romano, canturreó, citó, uno a uno, todos los nombres de su familia, buscó la postura más cómoda. Pero de poco sirvió: el sueño le vencía.

El olor nauseabundo le espabiló, aunque no tuvo tiempo de reaccionar. Abrir los ojos y sentir el impacto de un cuerpo fue todo uno. Una pared de pelo le golpeó con fuerza en la cara. Intentó mantenerse sobre el asno, pero la violencia del choque le hizo perder el equilibrio y terminó en el suelo.

Al caer, notó un crujido en la pierna. Casi se había olvidado ya de la herida infectada. Como sabía que le iba a resultar difícil levantarse, esperó un buen rato para intentarlo. Antes de la primera tentativa, silbó varias veces para evitar al menos que el burro se alejara, aunque no pudiera hacer regresar al animal. Se arrastró en busca de un tronco, una roca o cualquier otra cosa que le pudiera servir de apoyo para incorporarse. No hallaba nada, solo podría contar con su fuerza para ponerse en pie. Por fin, sintió que su mano rozaba con algo que pendía de un árbol. Tal vez fuera una rama seca, pero el tacto le hizo pensar que se trataba de una especie de pellejo peludo del que, además, emanaba la pestilencia.

Al agarrarse a aquello que colgaba, notó un líquido pegajoso en las manos. Valiéndose del colgajo consiguió erguirse. Pasó varias veces las manos por el objeto hasta que se aseguró de que se trataba de un animal. En el pescuezo, sus dedos hallaron un cordel del que estaba suspendido todo el cuerpo. Lo habían ahorcado. Era un perro.

La pestilencia le resultó insoportable. Oyó el resoplido del burro. No estaba lejos. Volvió a silbar y un instante después comprobó que el animal se le acercaba. Aunque echó a andar a su encuentro, en lugar de dar con el burro chocó con otro pellejo como el anterior. En un primer momento pensó que se trataba del mismo. Enseguida constató que era de menor tamaño. Otro perro.

Por fin dio con el pollino. No consiguió reunir el impulso necesario para montarlo. Tras varios intentos, desistió. Calculó que debía de estar cerca, pero no lo bastante: se sentía agotado después de un viaje de ida y vuelta. Cojeando, el resto del trayecto se le hizo interminable. El olor a ceniza que le trajo el viento le confirmó que había llegado.

–¡Vevila, Vevila! –llamó a su nieta.

Pero ella no debía de estar allí. Habría respondido a sus voces. Sin verlos, reconoció primero los tejos y más adelante el serbal. Bajo sus ramas se dejó caer como si, en lugar del cansancio, hubiera sido la muerte la que se apoderara de él.

Alargó el brazo y comprobó que su sentido de la orientación había acertado esta vez. Reconoció al tacto el tronco del serbal. Luego, para cerciorarse, tomó un puñado de tierra: sí, era la suya.

El día que la había pisado por primera vez supo que se quedaría allí para siempre. Tras la muerte de Viriato, no había dejado de ir de un lado para otro. Los rencores y las guerras fratricidas que esos odios desataron lo llevaron junto a los suyos hasta Itaxus. Allí no solo se ganó la amistad de algunos, sino también un lugar donde ver crecer a sus cuatro hijos. La epidemia segó las vidas de su mujer y de tres de ellos. El mayor, empleado al servicio del pretor, logró ponerse a salvo de la enfermedad. El hambre destapó otra vez el odio. La maledicencia les acusó de colaborar con los romanos, de ser cómplices de sus abusos. Y para demostrarlo una mano criminal puso fin a la vida de dos inocentes. No cabía ninguna esperanza: tendría que hacerse viejo en otro lugar. Desengañado por tanto dolor, la madrugada que viajó con Vevila en brazos desoyó el vaticinio de la madre de Sehijar de que echarían raíces en el primer lugar en el que dieran de beber a los mulos. Aun así, obedeció el impulso que, bajo los dos tejos, le hizo anunciar a los demás que no seguiría con ellos hasta el río.

Los acompañó porque su sentido de la responsabilidad le impedía abandonar a sus compañeros de armas antes de alcanzar el final de la ruta que habían previsto, pero a la mañana siguiente, ya con la única compañía de su nieta, sacó del zurrón el plantón de serbal y lo enterró en el sitio donde quería vivir.

A partir de ahí, sin embargo, no se agotaron sus desdichas. Primero vino la codicia desatada entre sus amigos a la hora de repartir el solar sobre el que levantarían Eburia. Ni los sorteos, ni los pasos bien medidos contentaron a cada cual con la porción que le había correspondido en el reparto.

Tras las primeras cosechas, llegaron la avaricia, el miedo a perderlo todo y el ansia insaciable de tener más. Olvidando las penalidades que habían sufrido, los fundadores de Eburia exigieron, ya sin el concurso de Tirso, que los últimos colonos en establecerse buscaran acomodo en dos nuevos emplazamientos. Los llamaron Tárdalo y Barias.

La peor de las sinrazones fue que aceptaran que Kares tomara por esposa a Nunn, viuda por la inquina de las gentes de Itaxus. Tirso comprendió entonces que, si no ponía tierra por medio con los que habían sido sus amigos, antes o después acabaría marchándose del valle y arriesgando la vida de su nieta como antes había expuesto la de sus hijos. Por eso había intentado evitar que Vevila, en su ingenuidad, le sacara de la placenta que les había protegido de la fiereza de tantos inviernos.

El canto de la lechuza le devolvió el presentimiento de que le rondaba la muerte. Tal vez se le presentara aquella misma madrugada, sin la muchacha cerca de él ni disposición alguna por su parte de seguir viviendo. Como en cierta ocasión le dijo Viriato, todas las grandes batallas, incluida la de la muerte, deben prepararse. Fiel a la idea que tenía de la guerra, su tío, consciente de que cada día que pasaba estaba más cerca del último río, jugó con ella y la hostigó, pero no logró cansarla. «Puede que yo esté haciendo lo mismo –pensó Tirso–. Conforme me acerco, la esquivo. Sintiéndola cerca, estoy más vivo.»

Aturdido por el cansancio y la preocupación que le causaba la ausencia de Vevila, apoyó la espalda contra el tronco del serbal y se esforzó en dejar su mente en blanco. Si lo consiguió no fue por propia voluntad, sino gracias al profundo sueño que se apoderó de él.

25

Hacia el año 115 a. C.

Tardó poco en erguir la cabeza. El olor a ceniza se mezclaba con el de la tierra mojada. Sin la silueta de la casa recortada sobre el horizonte, no le sorprendió descubrirlo en mitad de la pequeña llanura. Debía de hallarse cerca de la fuente que él había construido o, quizás, sobre el mismo manantial de agua. En contra de lo que siempre había pensado, no le gustó volver a tenerlo frente a frente. Incluso se hizo el dormido para brindarle la oportunidad de que se marchara. Cuando abrió de nuevo los ojos, seguía allí. Reconoció la indumentaria, la misma que vestía la última tarde antes de retirarse a dormir, la barba, el pelo moreno, los ojos vivaces, el llamativo lunar sobre el rostro. También su sonrisa. Tirso quiso dejarlo todo claro desde el principio:

–¡No pienso ir contigo! –voceó.

El otro no alteró el gesto sonriente.

–Te equivocas –corrigió sin acritud–. No seré yo quien te lleve.

A Tirso le sorprendió la respuesta. Sin poder controlarlo, dejó entrever una sonrisa.

–Siempre pensé que te lo encargarían a ti. ¿Qué has venido a buscar, entonces?

–Lo que dejé, aquí quedó, Tirso.

–Te pedí ayuda muchas veces.

–Lo sé, pero cada cual debe afrontar en solitario su destino. Yo lo hice...

–Te prevenimos de que...

–Sería absurdo que pudiéramos caminar siempre sobre seguro. Saltamos de error en error, supongo que ya lo habrás descubierto.

–Confiar en aquellos tres criminales lo fue, Viriato. No tomar en serio mis avisos sobre Teodoro, también. Empeñarte en que Altea te acompañara...

A medida que pronunciaba la frase se arrepintió de lo que estaba diciendo.

–¿Por qué te callas? –preguntó el aparecido.

–Discúlpame, he sido injusto. Y además no es verdad que...

–Ahora sí estás mintiendo, Tirso. Llevé conmigo a mi hija. Fui yo quien tomó esa decisión. Soy responsable de las consecuencias que tuvo hacerlo. Pero creo que, en el fondo, si estás recordando todo aquello, es porque no has puesto todas tus ideas en orden.

–Nunca más volvimos a hablar de lo que pasó –agregó Tirso, avergonzado.

–Tú tampoco pareces muy dispuesto a hablar de tu pasado. Escuché a tu nieta quejarse.

–Es distinto, Viriato. Yo viví todo aquello, ella pregunta por cosas que ocurrieron antes de que naciera o bien cuando no tenía luces para entenderlas.

–¿No te acuerdas ya de cuando me preguntabas por nuestra familia, por lo que pasó mucho antes de que tú vinieras al mundo, por la casa que ardió y la mujer que murió dentro...? Para que sea una fuerza, Tirso, el pasado no puede atormentarnos. Orientarnos, si acaso, y poco más. La única regla que impone el futuro es la del olvido.

–Me niego a vaciar mi memoria, Viriato. Una vez te oí decir que esa es mi fuerza.

–No sigas palabra por palabra lo que se dijo en otro momento. Las ideas valen en función de un tiempo. Preocúpate por el mañana. He venido a recordártelo.

–¿Mañana? He visto el río. Mi madre ha venido a verme. Tú...

–Aunque oigas el ruido de la corriente y creas divisar ya la ribera, todavía falta para que llegues a cruzar el río.

–¿Cuánto falta, Viriato?

–Qué más da... Pon en orden tus ideas, Tirso. Quedan sueltos algunos hilos del pasado. Hasta que no logres atarlos, no podrás acercarte a esta orilla.

–Lo haré... –Tirso agachó la cabeza en señal de respeto.

–Hay algo más que quiero decirte. Vigila tu sombra, que no te mate con el puñal de la incertidumbre...

26

El tejuelo

Hacia el año 115 a. C.

Oyó con claridad sus pasos al alejarse. Seguramente habría dejado apartado el caballo. Tal vez, incluso, había llegado caminando. En cualquier caso, no tenía la intención de pasar desapercibido: avanzó de frente, pasó por debajo de los tejos y se dirigió derecho hacia las ruinas de la casa. Caminó sobre la ceniza sin importarle que el polvo que levantaban sus pisadas pudiera molestar al viejo. Este fingió estar dormido. Como recelaba de las intenciones del forastero, llevó la mano al puñal que escondía bajo la capa. Solo tendría una oportunidad para defenderse si el otro se acercaba con el propósito de asestarle alguna cuchillada. Difícilmente podría escapar vivo si la emprendía a golpes o utilizaba a modo de lanza algún palo. Sin embargo, pasó por su lado sin prestarle la menor atención. Al aproximarse tanto pudo reconocerlo sin dificultad. Esperó a que hubiera pasado de largo para hablarle:

–Apareces y desapareces a tu antojo... –le reprochó.

Ambón hizo como si no lo hubiera oído. Mantenía la vista fija en la ceniza.

–¿Buscas algo? –preguntó con sorna Tirso–. Tal vez pueda ayudarte: sé, más o menos, dónde se guardaba cada cosa.

Sin pronunciar palabra, el forastero dio media vuelta y orientó sus pasos hacia los tejos.

–¡Espera! –ordenó Tirso–. ¡Ayúdame a incorporarme!

Seguía caminando sin darse por aludido. Tirso cogió una piedra y se la lanzó. Acertó a darle en mitad de la espalda. Ambón se volvió como un resorte. A grandes zancadas regresó hacia donde yacía su agresor.

–¿Vienes a pegarme? ¿Quieres medir las fuerzas con un viejo? –dijo desafiante–. Inténtalo. Solo te atreves con los viejos y si están postrados en el suelo, mejor. ¡Eres un cobarde!

Ambón lo tomó por los hombros y lo levantó. Le acercó la cara tanto que Tirso pudo percibir el aire enfurecido que salía por su nariz.

–Nos dejaste solos... –siguió reprochando Tirso–. Un viejo y una muchacha, indefensos. ¡Deberías avergonzarte! Y ahora me ves en el suelo y vuelves a largarte...

–Tengo tareas pendientes –dijo al fin.

–¿Y son más importantes que socorrer a un pobre hombre? He perdido a mi nieta. –Tirso cambió el tono de su voz–. Ayúdame, por favor. No sé dónde puede estar. Se quedó aquí mientras yo...

–La llevé a Eburia –informó sin abandonar su sequedad–. Ella me lo pidió.

Una idea cruzó por la mente de Tirso como una bola de fuego.

–¿A Eburia? ¿Adónde? ¿Con quién?

–No lo sé. La dejé antes de alcanzar las primeras casas. No debo ser visto.

La angustia se apoderó del viejo.

–Ayúdame a montar en el burro. Tengo que ir rápidamente a por ella.

–No hay ningún burro... –hizo una breve pausa–. Bueno sí, uno. El tuyo. Lo han cosido a puñaladas. Se ha desangrado.

–Por lo que más quieras... Llévame a Eburia –imploró Tirso.

De muy mala gana lo subió con él en su caballo. Con los primeros trotes, el viejo cayó en la cuenta de que la pierna había dejado de dolerle. Se pasó la mano por el muslo. Notó que quedaban restos de la inflamación pero si apretaba la carne ya no sentía una punzada tan fuerte.

–¿De dónde eres? –preguntó mientras seguía palpándose las zonas invadidas por el dolor.

–Ya te lo dije: vengo de muy lejos.

–Y... ¿qué te ha traído hasta aquí?

–Nada en concreto, vine por mi propia voluntad.

–¿Te vas a quedar? –insistió Tirso.

–Será mejor que guardemos silencio. Necesitamos aguzar el oído. Este bosque está lleno de peligros. Si nos distraemos hablando...

Le hizo caso. Era prudente extremar la precaución y tampoco tenía mucha confianza en poder obtener de Ambón poco más que lo que le había contado. Viajar a su espalda le proporcionó, sin embargo, otros datos. Se fijó en el cuello, en el mentón, incluso en los hombros y en los brazos, no excesivamente musculados. Le calculó una edad similar a la de Vevila. Tirso trató de relacionar su acento con alguna de las regiones en las que había vivido. En este punto, era más difícil obtener una información precisa: podía proceder de varias de ellas. Tampoco el vestido y el calzado le sacaron de dudas.

Hacia mediodía, calculó que estaban a punto de bajar la última pendiente que llevaba hasta Eburia. El viejo pensó que había llegado el momento de hacerle una indicación:

–No quiero que entres en Eburia. Desvíate antes, como si buscáramos el río.

Ambón transmitió sin rechistar la orden al caballo. Cuando oyeron con claridad el rumor de las aguas, Tirso le señaló que siguieran cauce abajo. No hubo comentarios ni objeción alguna por parte de Ambón. Al llegar al aserradero, le pidió que lo ayudara a desmontar.

Cojeando se acercó a la empalizada de madera que lo rodeaba.

–¡Orisonnnn, Kalboooo! –repitió varias veces Tirso.

Nadie acudió. Lanzó varias piedras al interior del aserradero. Siguió dando voces.

–No los llames más, no hay nadie –constató Ambón.

–Ya lo sé –respondió Tirso–. No venía buscando a los dueños.

El muchacho lo miró con extrañeza.

–Quería encontrar a sus perros –informó el viejo mientras alargaba los brazos para que el otro lo ayudara a montar de nuevo.

–No hay perros –replicó Ambón.

–Puede que los hubiera y estén muertos... –concluyó Tirso.

Fueron camino arriba hacia Eburia. Aunque no lo comentaron, les extrañó no cruzarse con nadie. Las primeras casas estaban vacías. Tampoco había vida más allá. Ni un niño, ni un viejo, ni una mujer, ni un hombre... nadie. Todo aparecía a sus ojos tan deshabitado como la casa de Sigilo. Las mujeres no estaban allí. Tampoco había rastro de Vevila.

En esos momentos Tirso agradeció el carácter taciturno de Ambón. Prefería ir de un lado para otro en silencio a tener que estar dando explicaciones de por qué buscaban aquí o allá, de dónde podría estar la gente. Se esforzaba en aparentar tranquilidad pero desde que llegaron al aserradero tenía el corazón en la garganta. A medida que iban abriendo puertas, crecía la desesperación.

Todo estaba en orden. No hallaron ni una sola señal de violencia. Por un encantamiento, la vida se había esfumado de Eburia.

27
Caura
Hacia el año 150 a. C.

Era mejor contarlo todo. Durante la tarde, había regresado varias veces al escondite para convencerla de que debía volver a la casa cuanto antes. Bárbara, primero, y luego Sandro, Viriato y el resto de los vecinos la estaban buscando. Como no daban con ella, empezaron a pensar que había caído en poder de algún escuadrón romano. La angustia aumentaba a medida que se acercaba la noche sin que nadie consiguiera hallar una pista que permitiera dar con la niña.

Tirso decidió romper su silencio cuando vio llorar a Bárbara, porque se sentía culpable: consideraba que la niña había quedado a su cuidado mientras Viriato cazaba algunas piezas para la cena. Para eludir la reprimenda y el más que probable castigo de Sandro, hizo un aparte con su tío y le contó que Altea se había escondido en la cueva para no tener que marcharse con él. Al principio, el pastor se mostró incrédulo, porque habían accedido varias veces a la caverna sin encontrar a nadie.

–Está escondida –aclaró el niño.

Viriato le tomó la mano y echaron a andar hacia la sierra. A todos los que fueron viendo por el camino les pidió que volvieran a sus casas, que hicieran correr la noticia de que Altea había aparecido.

Prefirió entrar solo, sin hacer ruido, quizás quería sorprenderla. Tirso esperó un buen rato hasta que vio aparecer al padre con la hija en brazos. Durante todo el camino de vuelta, estuvo acariciándola, besándola, jugueteando con ella. Antes de llegar a casa, Altea se durmió. Ni siquiera se despertó cuando Viriato la dejó sobre el camastro. Aunque no tenía sueño, el niño se acomodó junto a ella porque seguía temiendo el castigo paterno.

Los tres adultos se quedaron callados un buen rato mirando el fuego. Llegó a pensar, incluso, que estaban esperando a que él se durmiera para hablar pero enseguida descubrió que estaban agotados tras la tensión que había provocado la búsqueda de la niña.

Empezaba a rendirse cuando le llegaron las primeras palabras. No las oyó con claridad, pero sabía que las había pronunciado con desgana Sandro. A veces, su padre hablaba así, sin apenas vocalizar, sin esforzarse en modular el aire, para obligar a los otros a decir algo. La treta le había vuelto a dar buen resultado. No tardó en oír la voz, compungida, de Bárbara.

–Hermano, disculpa todo lo que te dije anoche. Fui injusta contigo.

Viriato parecía no darse por aludido.

–Dije cosas que ni sentía ni eran verdad –continuó la mujer–, pero...

Se echó a llorar. El niño sintió un nudo en la garganta y saltó de la cama. Ver sufrir a su madre era superior a sus fuerzas.

Sandro intentaba consolarla. Viriato miraba al techo.

–Yo no quería hablarte así, ni hacerte ningún reproche. Sabes que haría cualquier cosa que me pidieses. Venir hasta aquí o irnos a donde tú dispongas. Lo he hecho siempre. A veces creo que te he querido más que a nuestros padres. Por eso me puse a tu lado en aquellos momentos tan duros. Volvería a hacerlo mil veces más, no me arrepiento. Pero comprende que, a veces, es difícil ser tan fuerte como tú, que puedes pasarte días y días sin llevarte nada a la boca, que sabes cómo mantenerte sereno y siempre tienes a mano una palabra de consuelo, de esperanza. Hemos pasado media vida dando tumbos, de aquí para allí, y de allí para aquí. Allí fuimos forasteros, pero cuando volvimos también nos tuvieron por extraños. Y cada vez más pobres, con más hambre. La fragua da para vivir. ¿Qué sacas tú de las cabras? Si encima nos indisponemos con el único que puede proporcionarnos un mendrugo... ¿qué nos queda? ¿Volver a marcharnos? ¿Adónde? ¿A pasar más hambre?

Viriato se sentó junto a su hermana. Le pasó el brazo por encima del hombro, la acarició. Los gestos de cariño no la callaron:

–Aceptemos la oferta de los romanos. No tenemos nada que perder. Cuando seamos dueños de un trozo de tierra y podamos comer todos los días, ¿qué nos importará lo que pueda hacer o decir Teodoro? Cuando a lo poco que te dan los animales sumes el beneficio de la cosecha, ¿seguirá pensando que no eres digno de casarte con su hija? Id mañana y procurad haceros con el mejor lote. A ser posible, que estemos juntos. Encontraré en tu mano lo que a mí me falte y recibirás de la mía aquello que necesites. Por poco que sea, siempre tendremos más que ahora. Veremos crecer juntos a nuestros hijos y nos acompañaremos cuando llegue la vejez. No quiero estar lejos de ti, Viriato. No podría soportarlo.

Los tres se habían abrazado. El niño, emocionado, corrió hacia ellos y pidió que le hicieran un hueco. Viriato se levantó y le dejó el sitio que ocupaba. Antes de acostarse junto a su hija anunció:

–Descabezaremos el sueño y saldremos pronto. Debemos estar allí antes de que amanezca. La mejor tierra ha de ser para nosotros.

28
Eburia
Hacia el año 115 a. C.

El perrillo gimoteaba mientras su madre intentaba liberar la pata que se le había enredado en el cordel. Tirso pensó en la desesperación con la que debieron de haber abandonado Eburia sus moradores. Ni siquiera habían tenido tiempo para desatar a sus animales. En agradecimiento, al verse libre, el perro adulto le lamió los dedos. Después los canes se perdieron casa adentro. Tirso fue tras ellos. No habían ido muy lejos, chapoteaban en un líquido oscuro. Al agacharse a coger al cachorro, descubrió que el charco era de sangre. Siguió el reguero y descubrió el cuerpo. Estaba boca abajo. Enseguida supo quién era. Apartó al perro y llamó a Ambón para que le diera la vuelta al cadáver. Desde muy joven le habían enseñado que los ojos de un valiente debían nublarse siempre mirando al cielo.

–Aún está caliente –observó Ambón.

–Tirso...

La voz de quien hasta ese momento él había dado por muerto le sobrecogió. Dio un respingo y se apartó.

–Tirso...

«Tal vez sea yo mismo quien haya pasado a mejor vida», se dijo. Para despejar dudas, probó a hablarle:

–Biurtan, ¿de verdad sabes quién soy?

Le habían machacado el rostro a golpes. El forastero lo incorporó.

La sangre le brotaba de la nariz y los ojos. También tenía un corte profundo en el vientre.

–Tirso, vete. Quieren matarnos a todos. –Apenas podía hablar–. A Sehijar...

La alusión al amigo fallecido hacía tanto tiempo hizo sospechar al viejo que el moribundo seguía tan desnortado como la última vez que lo había visto. Prefirió no interrumpirle: iba a servir de poco.

–Fueron ellos. Después fueron por Sigilo. No lo atacaron los lobos. Ellos dejaron que lo devoraran los perros.

Al conocer ese dato, no tenía ninguna duda de que Biurtan estaba en sus cabales.

–¿Cómo lo sabes?

–Tú viste su cadáver como yo. Todo el mundo temía a los perros. Nadie podía acercarse a su casa. Desaparecieron de la noche a la mañana. No sé cómo lo hicieron.

«Yo sí», pensó Tirso.

–Sigilo sabía que se la tenían jurada, como a Sehijar, como a ti y a mí. Modio lo mandó llamar. Sigilo vino a verme y me lo contó.

Ambón se esforzaba por limpiarle los vómitos. A pesar del ahogo, Biurtan siguió hablando:

–Hazme caso, Tirso. No estoy loco ni he perdido la razón con la vejez, solo intentaba parecer inofensivo. Creí que me pondría a salvo si me hacía el idiota todo este tiempo. Vi el miedo en el rostro de Sigilo. Como no contestaste a ninguno de sus mensajes, él mismo fue a buscar a Modio. Pero no volvió.

–¿Quién es nuestro enemigo, Biurtan?

Un nuevo vómito le obligó a callar. Tirso quiso incorporarlo más para evitar que se ahogara en su propia sangre. Fue peor. Parecía que los ojos se le iban a salir de las cuencas.

–Intenta decirme algo, Biurtan. Si no puedes hablar, al menos haz un gesto. ¿Quién te ha hecho esto, quién quiere matarnos?

Se agitó y empezó a tener convulsiones. Desistió de preguntarle de nuevo. Después de un par de estertores, expiró. Lo devolvió con suavidad al suelo y le cerró los ojos. Al separarse de él, observó que mantenía rígidos dos dedos, el índice y el corazón, de su mano derecha.

En una pila que encontró fuera se limpiaron la sangre. Antes de abandonar Eburia, Tirso quiso aclarar una duda. No tuvieron que caminar mucho para llegar a su destino. Conocía perfectamente la casa, aunque juró que nunca franquearía esa puerta. Como una serpiente, había reptado muchas noches alrededor de la pequeña cerca que la protegía. Desde el suelo, revuelto entre la maleza, la escuchó cantar, reír, saludar, contar, llorar. Sin verla, se contentó con saber que estaba allí. Hasta que un parto tardío se la llevó de su lado para siempre.

Dudó cómo entrar, si hacerlo amistosamente, llamando al propietario, o a hurtadillas. Desechó esta última posibilidad. No era el momento de guiarse por viejos rencores. Le dijo a Ambón que aguardara fuera.

–¡Kares, Kares...!

No había nadie en el interior, todo estaba en orden. Demoró la salida. Buscó algún pequeño detalle, un leve rastro, pero fue inútil. Nunn era ya solo un recuerdo.

La recia voz de Ambón le sobresaltó. Se había alejado un poco de la casa y le hacía gestos con la mano para que se acercara. Sin embargo, no llegaba a darle alcance. Cada vez que el viejo recorría un trecho, el joven estaba ya en otra parte. Coincidieron, por fin, a la salida de Eburia. El forastero le señaló al par de perros. Dedujo que pretendía que los siguieran. Sin dejar de pelear con la espesura de la sierra, el joven se adelantó. Cuando los animales le sacaban ventaja, les silbaba y los hacía retroceder. Luego, cuando sobrellevando su cojera Tirso lograba aproximarse, musitaba algunas palabras para azuzarlos y volvían a echar a andar. De ese modo, a rachas, llegaron hasta un pequeño claro que hacía las veces de zaguán de una cueva. Entraron casi a tientas, apenas si lograron dar un paso antes de precipitarse por un estrecho hueco. Por suerte para él, Tirso cayó encima de Ambón.

No había luz, pero a pesar de la oscuridad podía distinguir a un grupo numeroso de personas sentadas, como él, y presumiblemente también inmóviles.

–Van a matarnos –anunció una voz de mujer–. Si no lo han hecho ya es porque no han querido.

Stena, la esposa de Sigilo, estaba sentada con los demás delante de él. Tirso, todavía aturdido, no le concedió importancia al anuncio.

–¿Has visto a mi nieta? La estoy buscando...

–No sé nada de ella desde que os despedisteis de mí. Supongo que andará con Kalbo.

El viejo negó con la cabeza.

–¡No te hagas de nuevas! Es un secreto a voces que la ronda desde el verano pasado. Iba a verla a tu casa cada noche. Hablaban hasta el amanecer mientras tú dormías.

–¿Adónde han ido? –preguntó sin poder contener su rabia.

–Supongo que hacia la llanura que hay cerca de Barias. Mañana, al amanecer, los romanos entregarán tierras al norte de Tárdalo. Modio les ha dicho que el nuevo pretor necesita colonos para roturar la sierra.

–¡Necesito ir allí! ¡Ayúdame!

–No servirá de nada. Te matarán antes. Kares y Tileis quieren deshacerse de todos nosotros. Les estorbamos. La gente de Barias se presentó después de que los hombres se hubieran marchado con los gemelos. Reunieron a los viejos y formaron una reata para traernos hasta aquí. Nos empujaron sin ningún miramiento para hacernos caer por el agujero.

Casi a tientas, Ambón empezó a cortar las cuerdas. Muchos ni siquiera se dieron cuenta. Stena lloraba. Tirso se acercó a ella y la abrazó. Sintió la humedad en sus manos: un hilo de sangre salía de los oídos de la mujer.

–Nunca debimos traerlo con nosotros –la viuda hablaba con dificultad–. Kares es envidioso. Ha estado esperando este momento toda su vida. Ya no le basta con ser el adalid de Eburia, quiere mandar también en Barias y Tárdalo. Sé de su sobrino, otro ambicioso. Se ha valido de ese par de inútiles, los gemelos de Sehijar, tan ciegos en su locura que no han sido capaces de preguntarse quién mató a su padre. Ahora sé que fue él, Kares, el mismo que acabó con Sigilo. Pronto querrá hacerlo con Biurtan y contigo...

–Biurtan ha muerto... –anunció Tirso.

–Salid de aquí y marchaos lejos. –Los dos hombres tuvieron que sujetar a la mujer, le habían fallado las piernas–. Llevaos a los que puedan valerse. No os preocupéis por los demás. Morir a manos de los tuyos... ¡Quién me lo iba a decir!

Con las cuerdas que encontraron, remontaron a Tirso al exterior. Los más jóvenes salieron por sus propios medios. Tres de ellos ofrecieron su espalda para llevar al viejo a Eburia. No quiso ir.

–Allí no hago ninguna falta –les explicó–. Debo estar en otra parte.

El grupo partió hacia la llanura donde Kares se había citado con Modio. Caminaban con rapidez porque era fácil seguir la trayectoria de los eburenses. Las ruedas de los carruajes, los cascos de la caballería, algún arma... les iban indicando la ruta.

Apenas si cruzaban una palabra. Tirso prefería dejar la mente en blanco para no recordar al muchacho que se le había acercado la madrugada que salieron tras el asesinato de Viriato. No quería volver a oír sus palabras suplicantes para que le llevara con él, ni los elogios que le dedicó desde entonces, la obediencia que le prometió. Hasta su boda con Nunn jamás hubo motivos para la desconfianza entre ellos. La voz, desagradable, pensó él en ese momento, de Ambón le sacó de su ensimismamiento.

–Yo no quiero recibir ninguna tierra de los romanos –anunció–. Cuando lleguemos, tendrás que arreglártelas tú solo.

–¿Adónde vas a ir? –Tirso sabía que hablaba por hablar: no tenía el más mínimo interés en conocer la respuesta.

–Nunca me ataré a nada. Nací para ser libre. No tengo familia, ni mujer, ni tierra. Era la voluntad de mi madre.

–¿Cómo has llegado hasta aquí? –preguntó uno de los jóvenes que transportaban a Tirso.

–La historia es tan larga como el camino que he recorrido. Prefiero olvidarla. Tampoco quiero que el pasado me ate.

La noche se les echó encima mientras ascendían por la ladera del último monte. Cuando lo coronaran, verían la gran pradera, en primer término, y más allá, Tárdalo. La oscuridad y lo empinado del terreno les obligó varias veces a detenerse. Finalmente tuvieron que asumir que no podrían alcanzar la cima antes del amanecer. Los hombres más jóvenes se quedaron dormidos. Frente a ellos, hombro con hombro, se situaron Tirso y Ambón. A ninguno le apetecía la cháchara. El forastero se entretuvo hurgando en su zurrón. Sacó algo y lo sostuvo entre las manos. Sin pretenderlo, al viejo se le fueron los ojos hacia el objeto. Lo miró con más atención.

–¿Me lo dejas? –propuso al cabo de un instante.

Ambón se lo entregó.

Se lo acercó para observarlo bien.

–¿Es tuyo?

–Sí, es lo único que conservo de mi madre. No la conocí.

–Entonces, guárdalo bien.

Con un nudo en la garganta, Tirso le devolvió el objeto, un caballo de madera a medio terminar. Nadie rompió el silencio. Cuando calculó que era la hora, el viejo, que no había conseguido conciliar el sueño, los despertó.

Llegaron de día a la cumbre. Oyeron perfectamente los gritos. Ambón y los jóvenes dieron algunos pasos al frente, sobrecogidos por lo que estaban contemplando. Tirso no se movió. Asistió impávido a la matanza.

29

La llanura
Hacia el año 150 a. C.

Costó trabajo separarlos. Consintieron en que el niño les acompañara hasta el río, pero allí le ordenaron que se diera la vuelta. Mientras ellos se hacían cargo de la tierra, alguien tendría que guardar la casa y alimentar el ganado. Todos los adultos estaban de acuerdo: Tirso era ya un hombre y debía ocuparse de la fragua hasta que Sandro les mandara llamar. Sería por poco tiempo: quizás antes del invierno. En cuanto las cabras tuvieran pasto y hubiera grano en la despensa. Entre todos levantarían las casas, una al lado de la otra, y plantarían los árboles. Merecían una vida nueva, después de tanto sufrimiento. Altea se empeñaba en ir con ellos, había crecido mucho y podía preparar el ajuar y atender al hombre. Los niños protestaron, pero fue inútil. Los mayores tenían prisa, apenas si tuvieron tiempo de despedirse. Próximos a alcanzar el lugar de la cita, Altea se rezagó aprovechando que su padre saludaba a unos desconocidos. Antes de pisar el río, se volvió. Los primos se miraron un instante. Ella sonrió y le dijo adiós. En la mano llevaba un caballo de madera a medio terminar.

Para E., por la distancia.
Para Mam, por tanto cariño.
Para A., siempre.